EASY PIANO

2ND EDITION

ELTON JOHN ANTHOLOGY

Cover photo © Patrick Harbrun/Retna

ISBN 978-1-4234-2243-3

HAL•LEONARD®
CORPORATION

Visit Hal Leonard Online at
www.halleonard.com

CONTENTS

CHRONOLOGICAL LISTING

ANSWER IN THE SKY

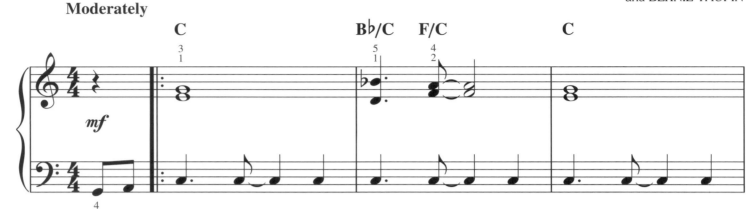

Words and Music by ELTON JOHN
and BERNIE TAUPIN

Well, they say that it's a fact, ___

___ if you watch the sky at night, _____ and

if you stare in-to the dark - ness, ___ you might see ce-les-tial light. ___

And if your heart ___ is emp - ty _____ and

there's no hope in - side, _____ there's a chance ___ you'll find ___ an

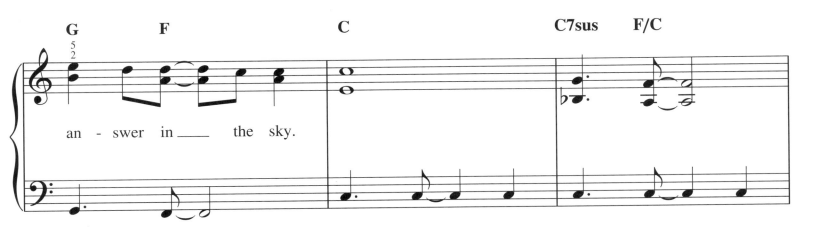

an - swer in ___ the sky.

Well, they say that it's a shame ___

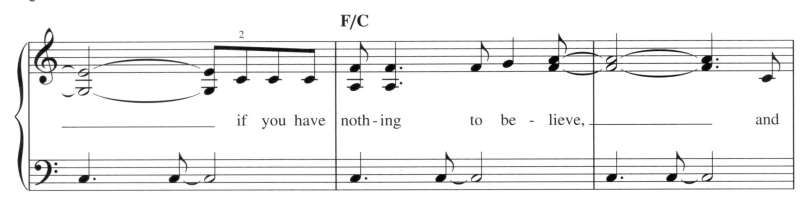

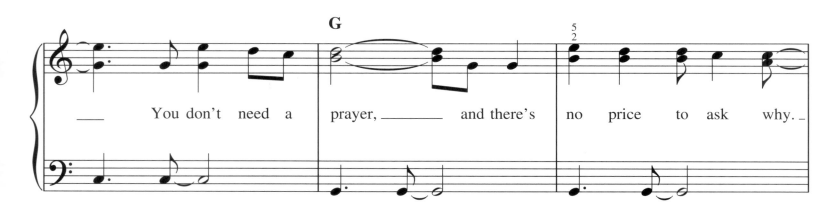

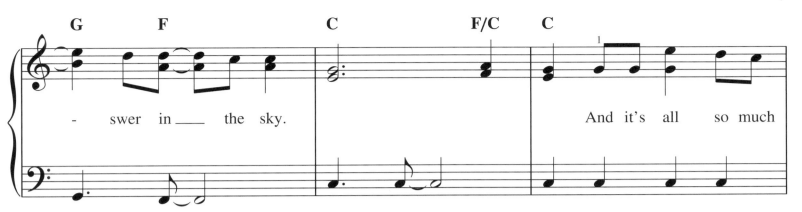

you'll find an an - swer in the sky.

D.S. al Coda

And it's all so much

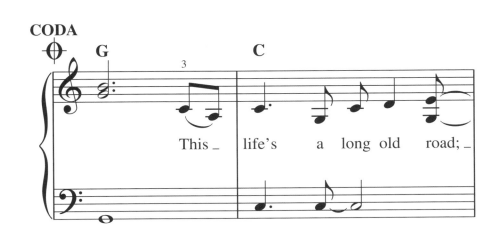

CODA

This life's a long old road;

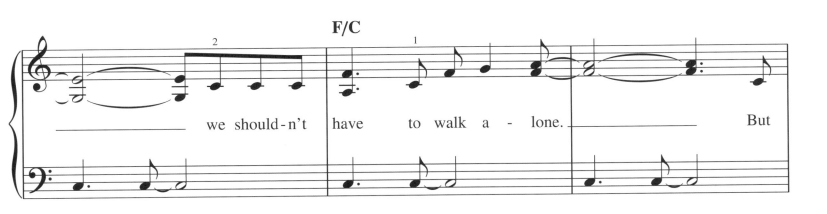

we should-n't have to walk a - lone. But

if you find the right com-pan - ion, you won't feel so worn out when you've grown.

And all life is pre - cious, _____ and ev - 'ry day __ is a prize. __

And some - times ___ you'll find __ an

an - swer in ___ the sky.　　　　　Oh, __ life is

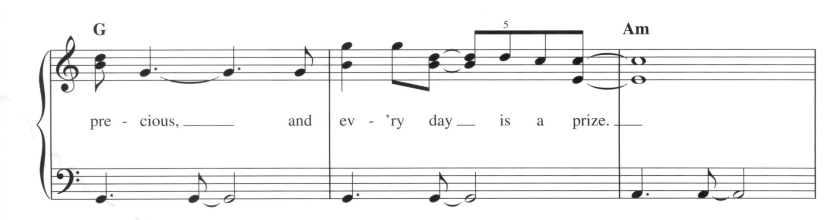

pre - cious, _____ and ev - 'ry day __ is a prize. __

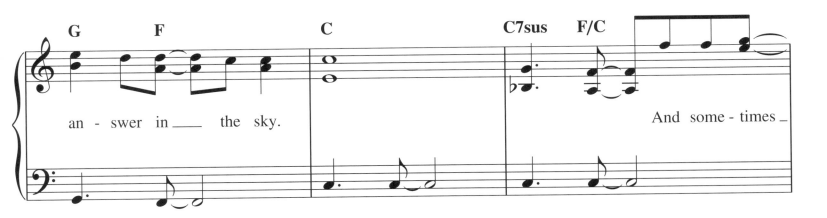

BELIEVE

Words and Music by ELTON JOHN
and BERNIE TAUPIN

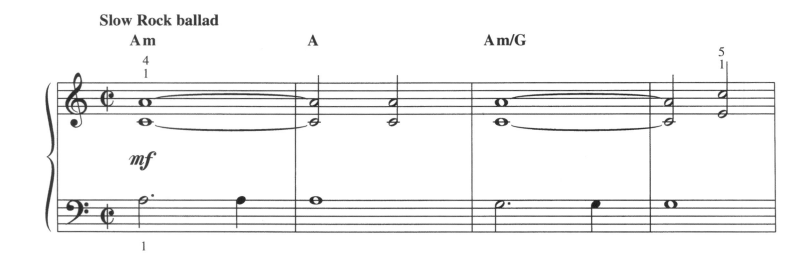

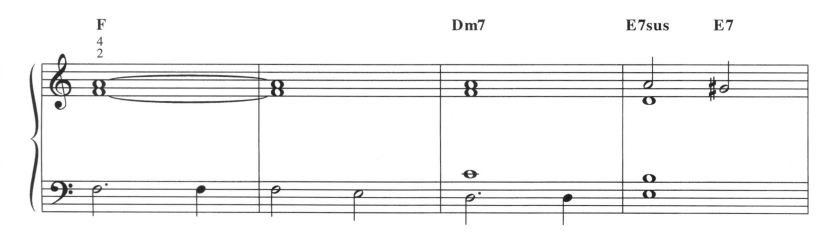

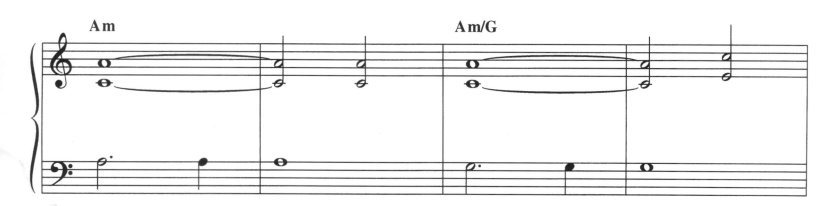

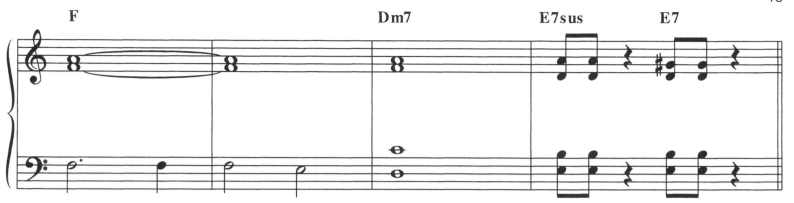

I be - lieve in love, it's all we've got.
I be - lieve in love, it's all we've got.
With - out love I would - n't be - lieve

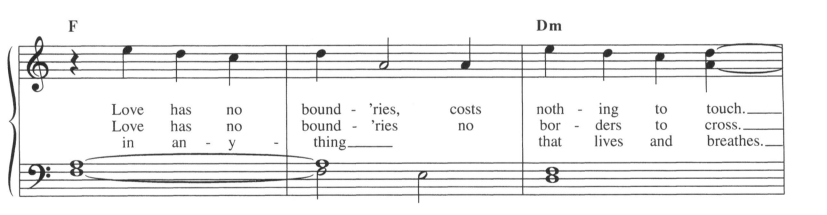

Love has no bound - 'ries, costs noth - ing to touch.
Love has no bound - 'ries costs no bor - ders to cross.
in an - y - thing that lives and breathes.

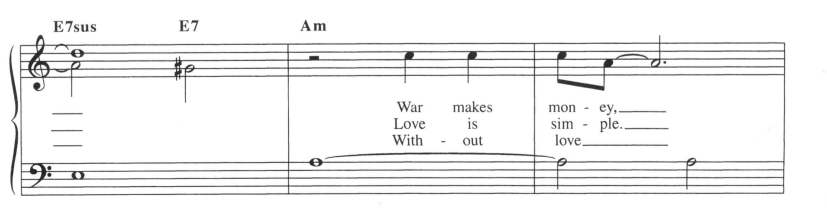

War makes mon - ey,
Love is sim - ple.
With - out love

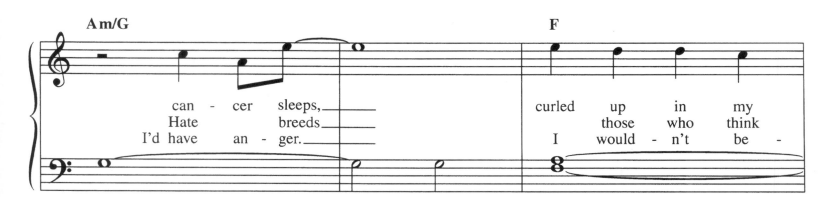

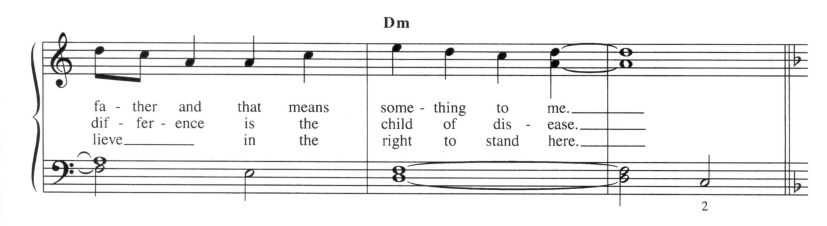

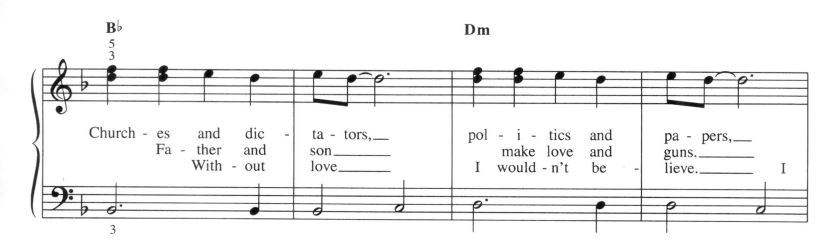

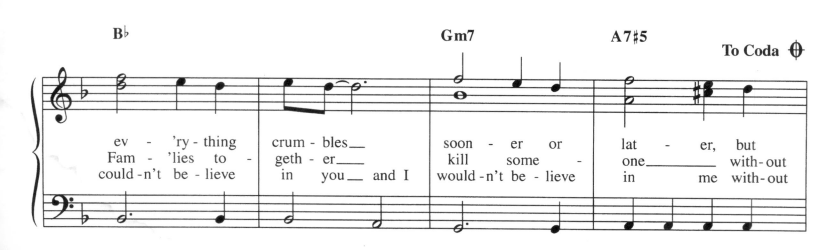

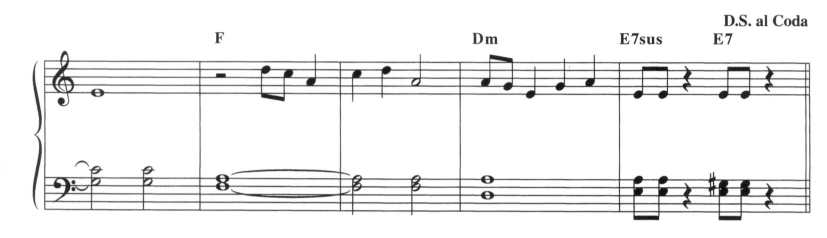

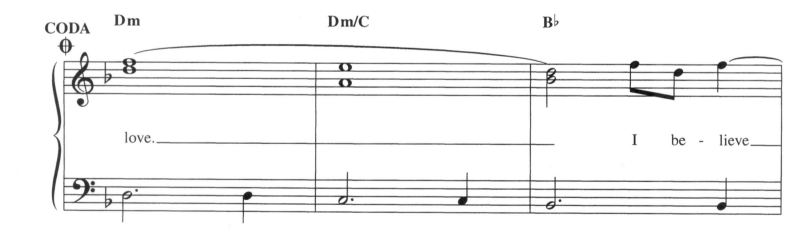

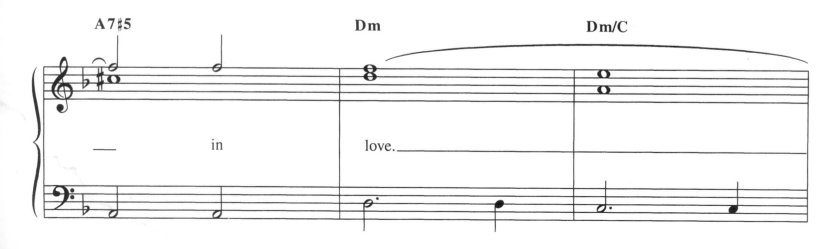

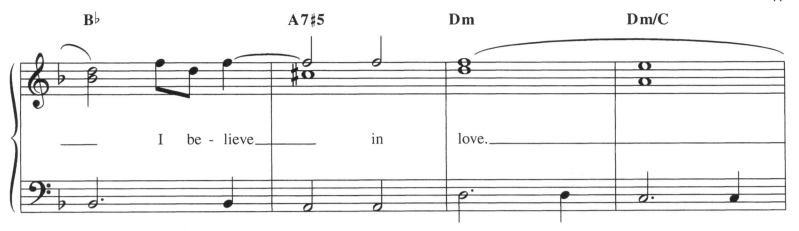

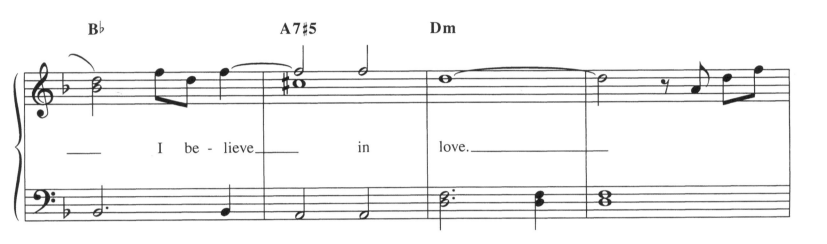

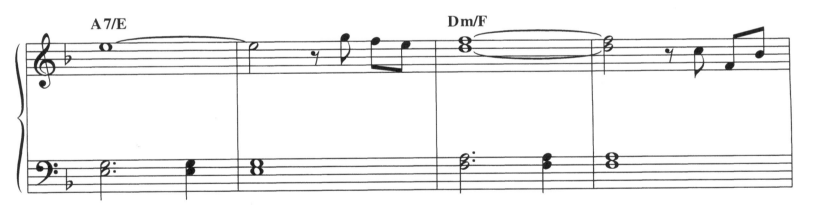

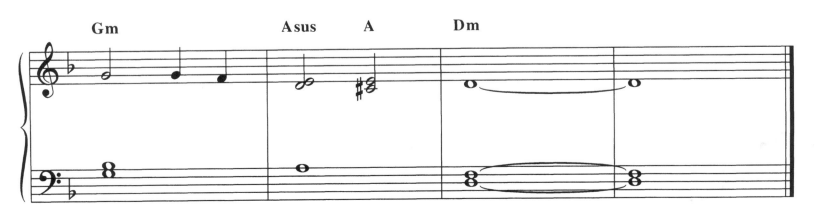

BENNIE AND THE JETS

Words and Music by ELTON JOHN
and BERNIE TAUPIN

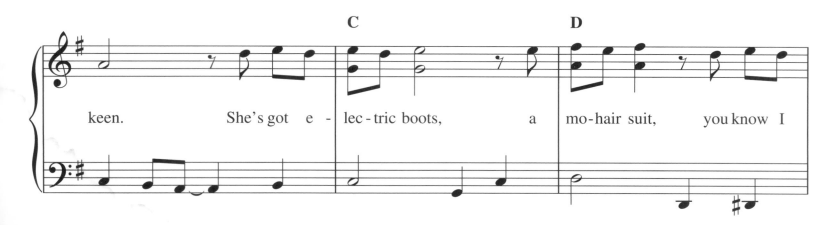

22

BLUE EYES

Words and Music by ELTON JOHN
and GARY OSBORNE

BORDER SONG

Words and Music by ELTON JOHN
and BERNIE TAUPIN

Holy Mo - ses _____ I have been re -
Holy Mo - ses _____ I have been de -
Holy Mo - ses _____ Let us live in

moved. ____ I have seen the spec - tre,
ceived. ____ Now the wind changed di - rec - tion,
peace. ____ Let us strive to find a way to

he ___ has been here ___ too. Dis - tant cou - sin from
and ___ I have to ___ leave. Won't you please ex -
make ___ all ha - tred ___ cease. There's a man o - ver

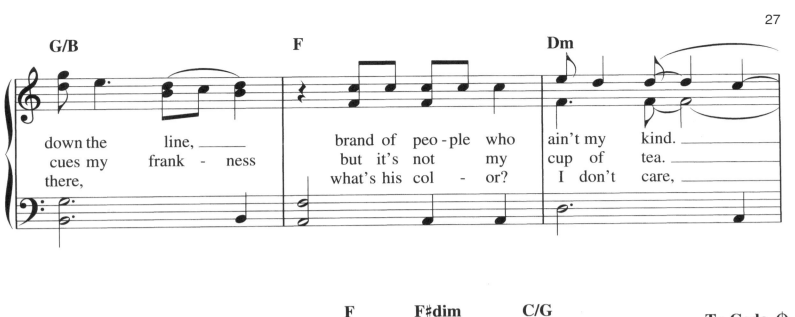

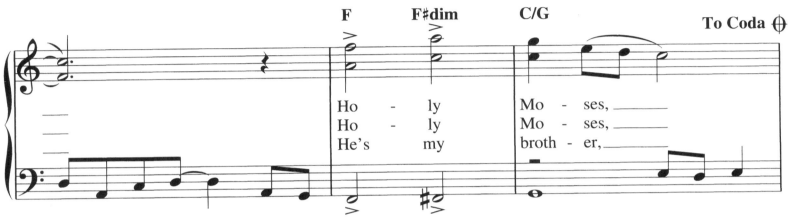

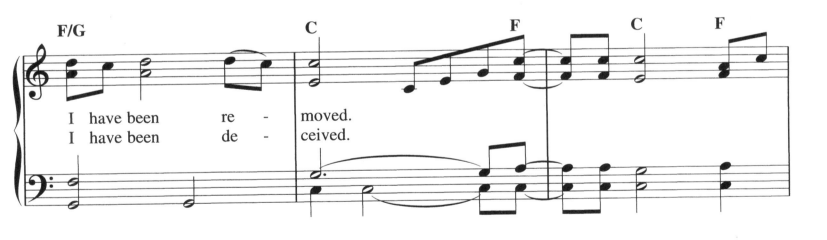

back to the bor-der where___ my___ af - fairs, where my___ af - fairs ain't___ a -

bused. _____ I can't___ take an - y - more bad wa - ter, been

poi - soned___ from my head down___ to my shoes.

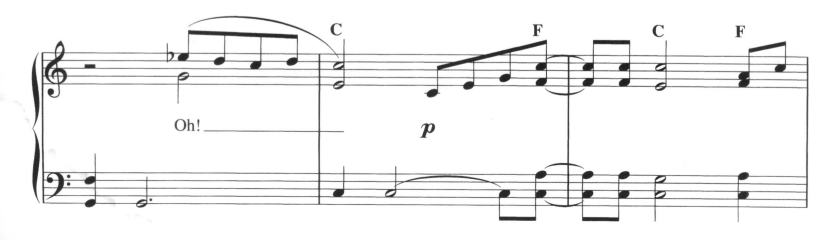

Oh! _____

CANDLE IN THE WIND

Words and Music by ELTON JOHN
and BERNIE TAUPIN

Moderately

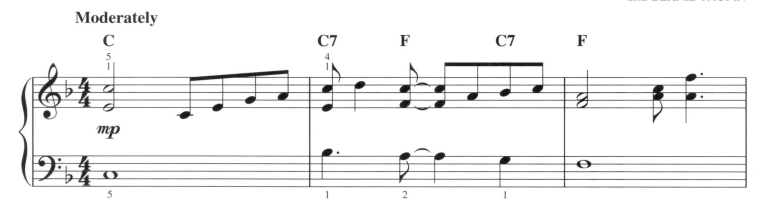

Good-bye, Nor - ma Jean,＿ though I nev - er
Lone - li - ness＿ was tough,＿ the tough - est role you

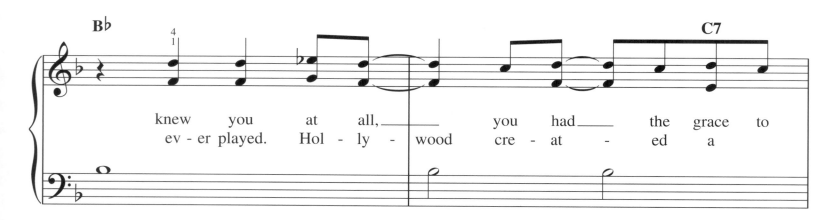

knew you at all,＿ you had＿ the grace to
ev - er played. Hol - ly - wood cre - at - ed a

hold your - self＿ while those a - round＿ you crawled.
su - per - star＿ and pain was the price you paid.＿

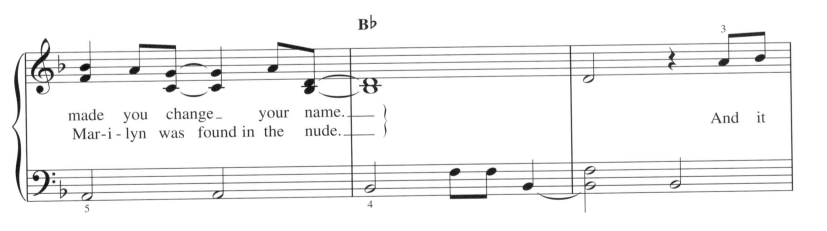

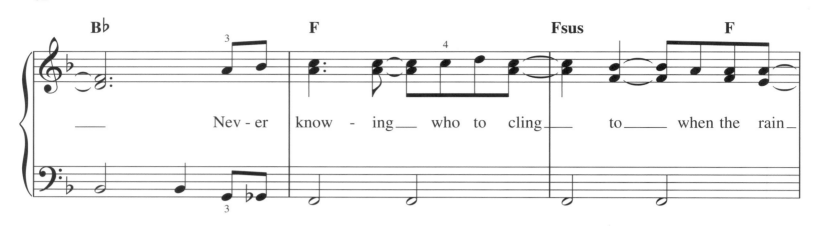

Nev - er know - ing__ who to cling__ to__ when the rain__

__ set in.__ And I would have liked__ to have known__

__ you, but__ I was just__ a kid.__ Your can-dle had burned__ out

To Coda ⊕

long__ be - fore__ your leg - end ev - er did.__

Good-bye, Nor - ma Jean,___

___ though I nev - er knew you at all,___ you had___ the grace to

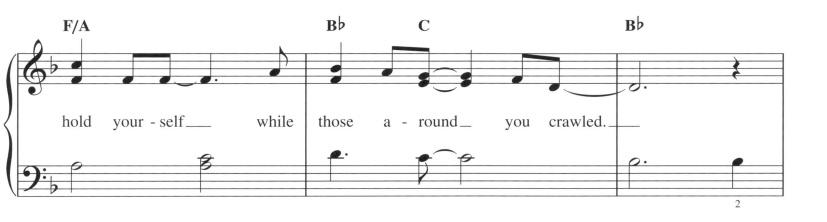

hold your - self___ while those a - round___ you crawled.___

Good-bye, Nor - ma Jean,___ from the young man in the

twen - ty - sec - ond row___ who sees you as some-thing more than

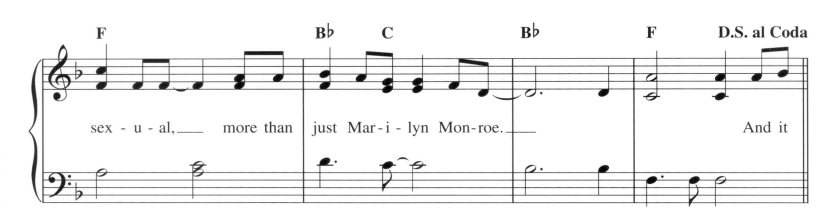

sex - u - al,___ more than just Mar - i - lyn Mon-roe.___ And it

The can-dle has burned__ out long__ be - fore__ your

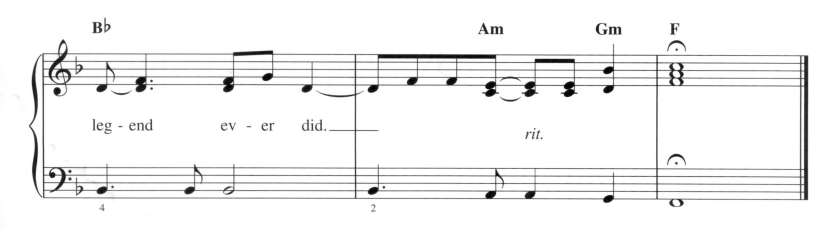

leg - end ev - er did.___ rit.

HONKY CAT

Words and Music by ELTON JOHN
and BERNIE TAUPIN

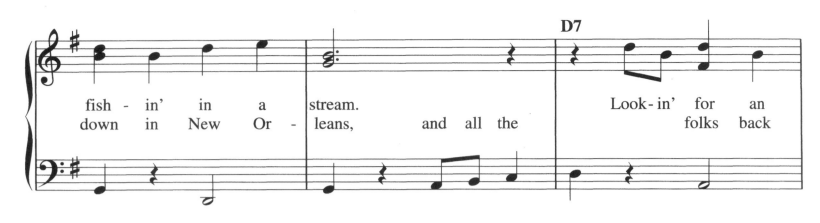

fish - in' in a stream.
down in New Or - leans, and all the

D7

Look - in' for an
folks back

an - swer,
home, well, they

try - in' to find a sign,
said I was a fool.

They said,

G

un - til I saw your
oh _____ be -

ci - ty lights,
lieve in the Lord

hon - ey I was
is the gold - en

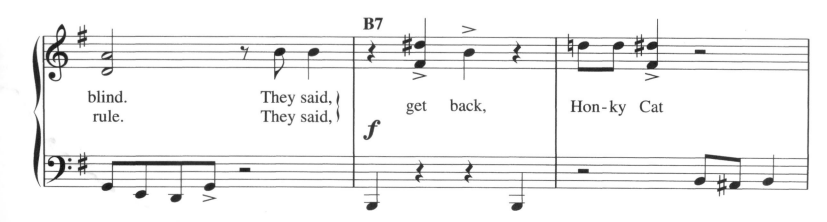

blind.
rule.

B7

They said,
They said,

get back,

Hon - ky Cat

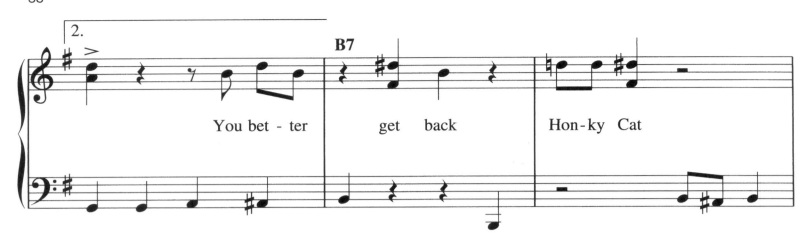

You bet - ter get back Hon-ky Cat

liv - in' in the ci - ty ain't ___ where it's at. It's like try'n ___ to find

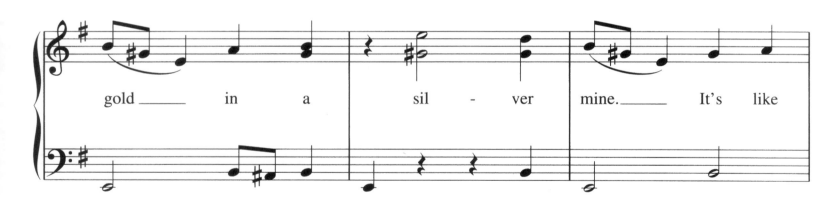

gold _____ in a sil - ver mine. _____ It's like

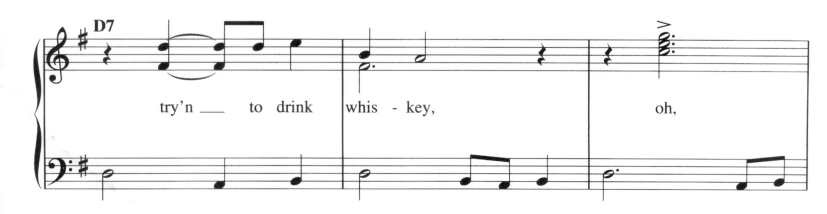

try'n ___ to drink whis - key, oh,

CIRCLE OF LIFE

from Walt Disney Pictures' THE LION KING

Music by ELTON JOHN
Lyrics by TIM RICE

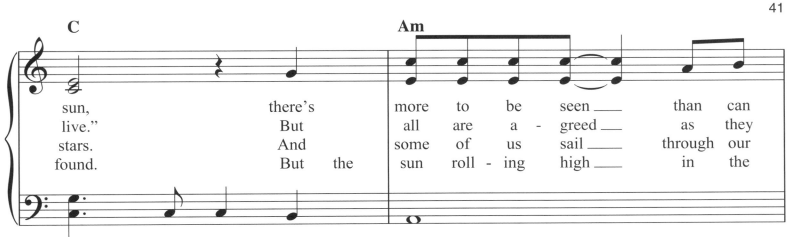

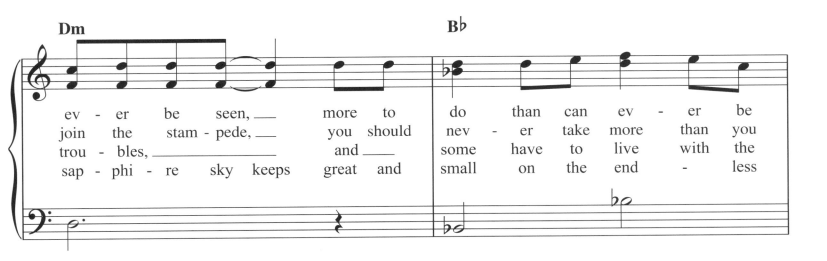

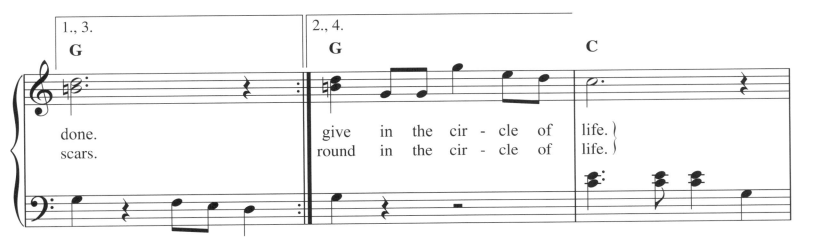

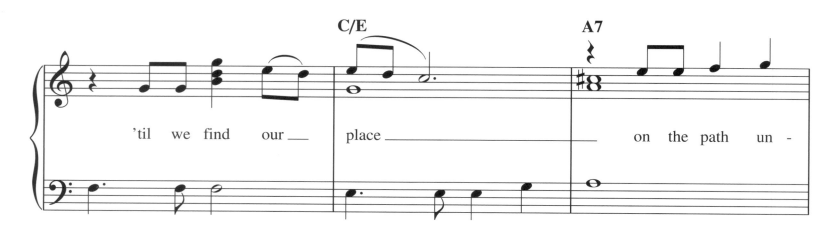

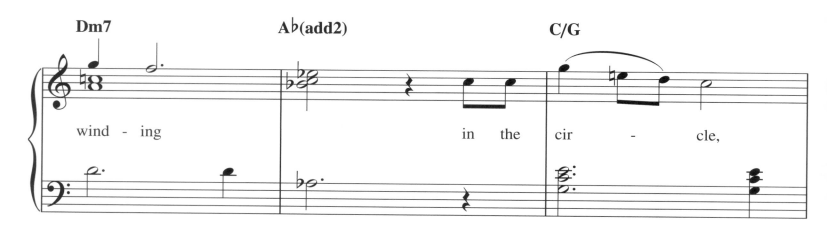

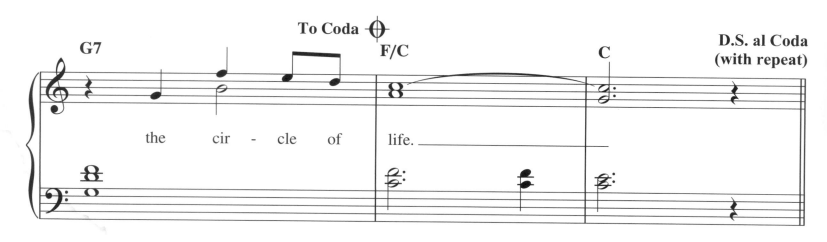

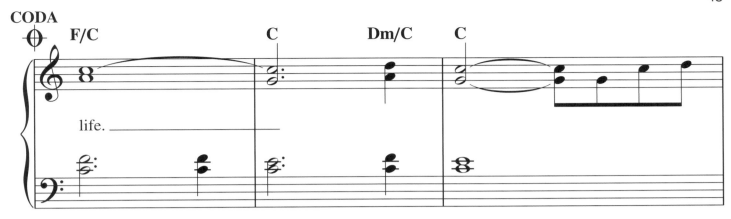

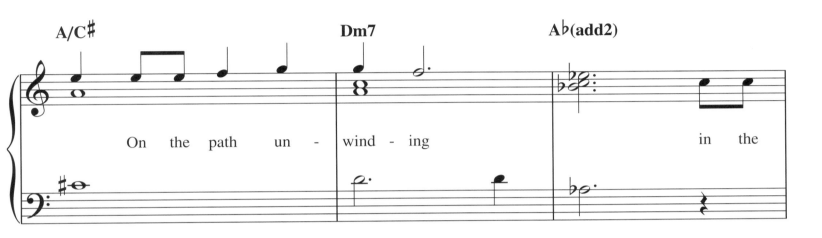

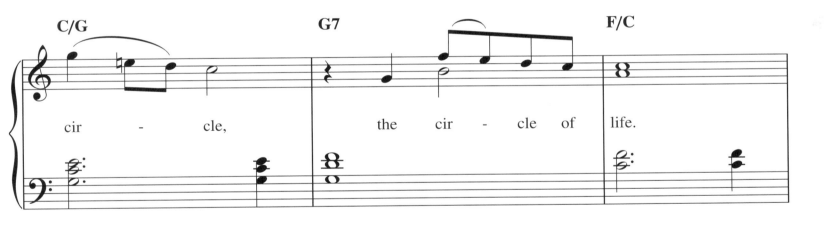

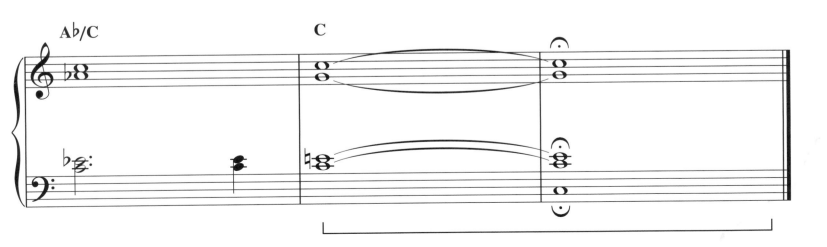

CROCODILE ROCK

Words and Music by ELTON JOHN
and BERNIE TAUPIN

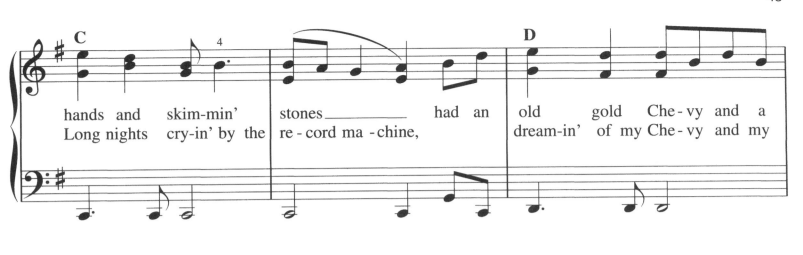

hands and skim-min' stones_____ had an old gold Che-vy and a
Long nights cry-in' by the re-cord ma-chine, dream-in' of my Che-vy and my

place of my own. But the big-gest kick I ev-er got_____ was doin' a
old blue jeans. But they'll nev-er kill the thrills we've got_____ burn-in'

thing called the Croc-o-dile Rock,____ while the oth-er kids were rock-in' 'round the
up to the Croc-o-dile Rock,____ learn-ing fast till the weeks went

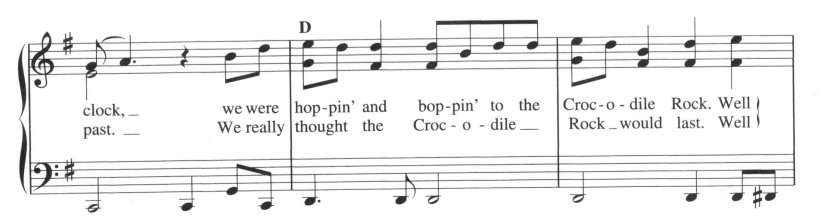

clock,__ we were hop-pin' and bop-pin' to the Croc-o-dile Rock. Well
past.__ We really thought the Croc-o-dile __ Rock _ would last. Well

the Croc - o - dile _ rock - in' was _____ out of sight. _____

Well, the

DON'T GO BREAKING MY HEART

Words and Music by CARTE BLANCHE
and ANN ORSON

Moderately

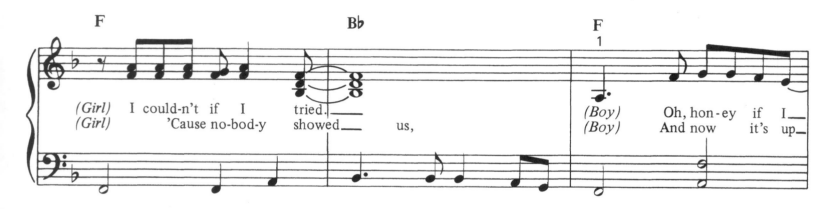

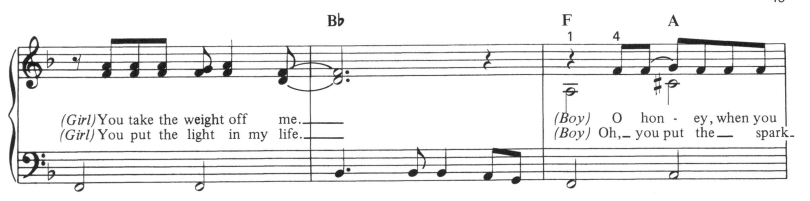

(Girl) I was your clown._____ *(Together)* Oo, oo,_____ No-bod-y knows.

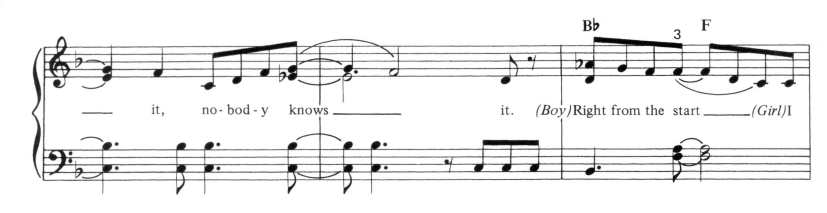

_____ it, no-bod-y knows_____ it. *(Boy)* Right from the start _____ *(Girl)* I

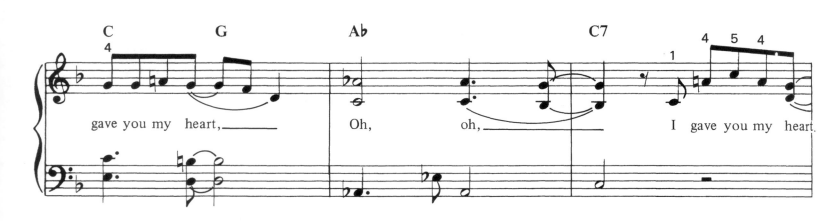

gave you my heart,_____ Oh, oh,_____ I gave you my heart.

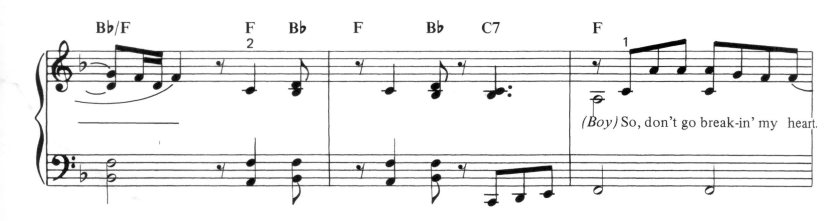

(Boy) So, don't go break-in' my heart.

(Girl) I won't go break-in' your heart.____

(Together) Don't go break-in' my   heart. ____

(Together) Don't go break-in' my,   don't go break-in' my,   Don't go break-in' my   heart.

ELECTRICITY
from BILLY ELLIOT

Music by ELTON JOHN
Lyrics by LEE HALL

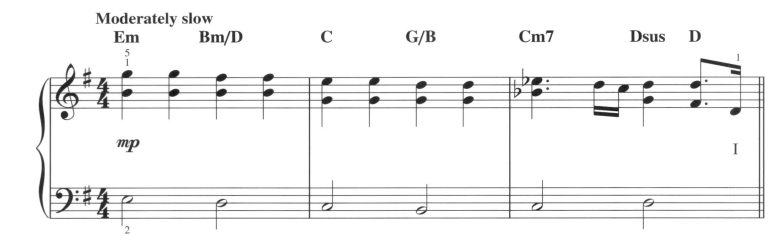

can't real - ly ex - plain it; _____ I have - n't got the words. _ It's a
bit like be - ing an - gry, it's a bit like be - ing scared, _ con -

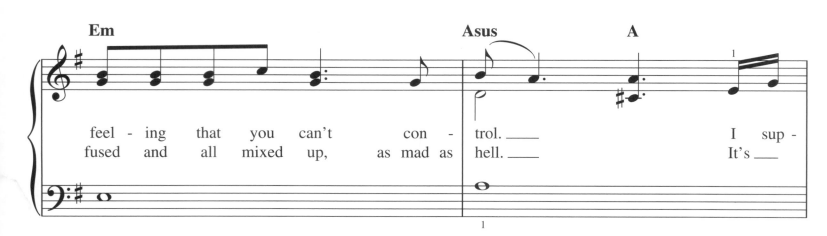

feel - ing that you can't con - trol. _____ I sup -
fused and all mixed up, as mad as hell. _____ It's _____

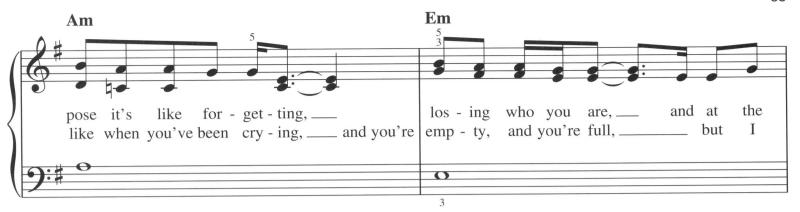

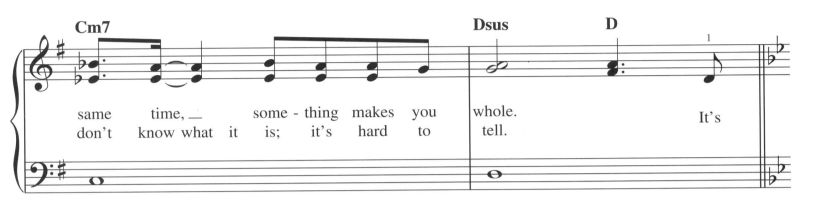

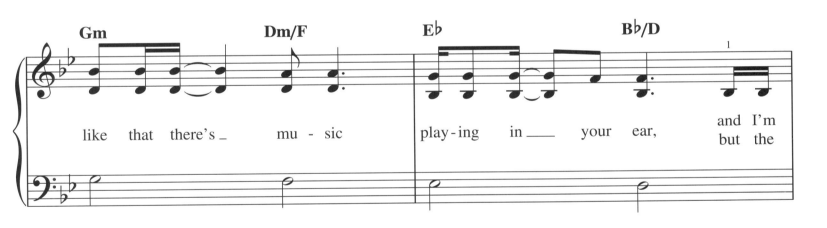

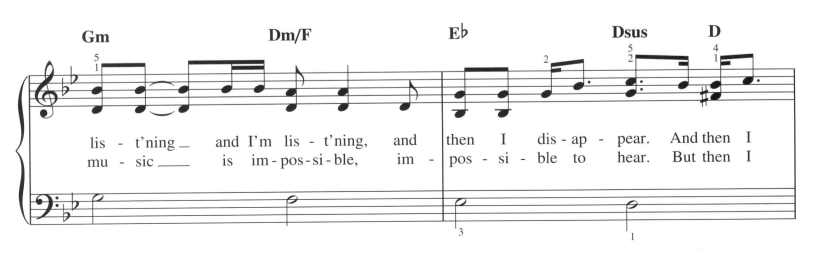

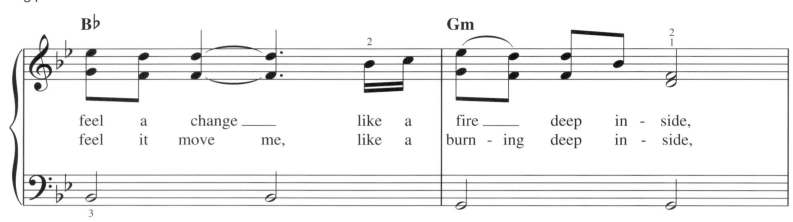

feel a change ____ like a fire ____ deep in - side,
feel it move me, like a burn - ing deep in - side,

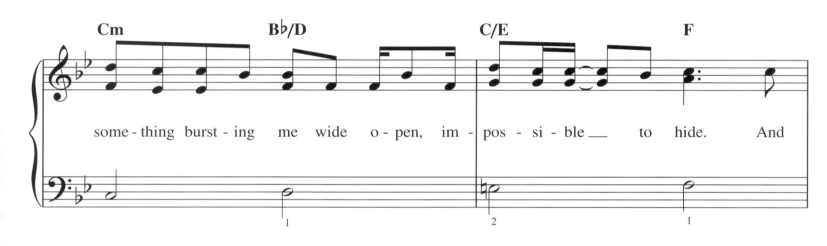

some - thing burst - ing me wide o - pen, im - pos - si - ble ____ to hide. And

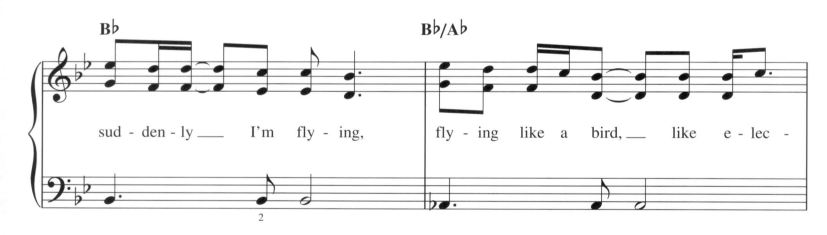

sud - den - ly ____ I'm fly - ing, fly - ing like a bird, ____ like e - lec -

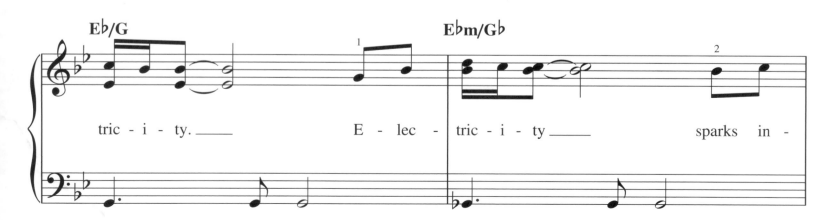

tric - i - ty. ____ E - lec - tric - i - ty ____ sparks in -

EMPTY GARDEN
(Hey Hey Johnny)

Words and Music by ELTON JOHN
and BERNIE TAUPIN

Gentle Rock

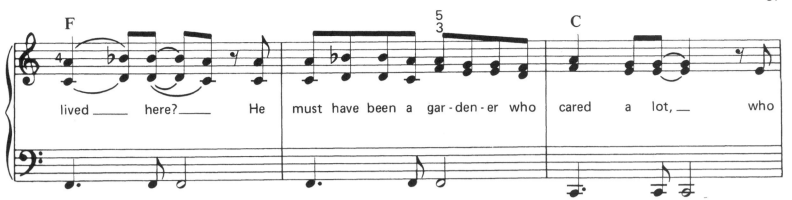

lived ____ here?____ He must have been a gar-den-er who cared a lot, ____ who

weed-ed out the tears and grew a good ____ crop.__ Now it all looks strange..

____ It's fun-ny how__ one in - sect __

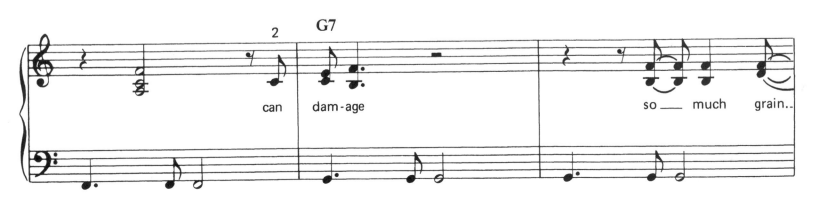

can dam-age so __ much grain..

And what's it for _____ this

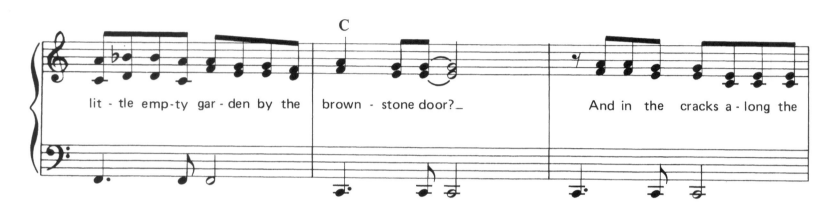

lit - tle emp-ty gar - den by the brown - stone door?_ And in the cracks a - long the

side - walk,_ noth - ing grows no more._

Who _____ lived ____ here?____ He must have been a gar - den-er that

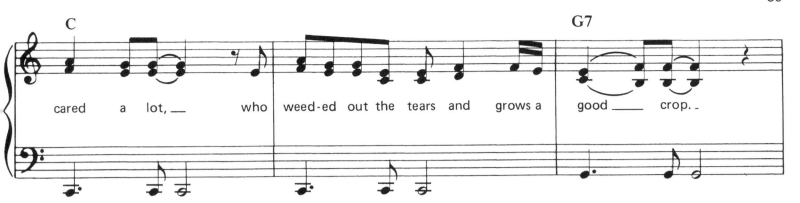

cared a lot, ___ who weed-ed out the tears and grows a good ___ crop. _

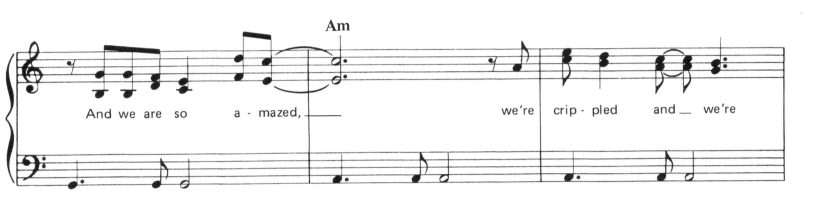

And we are so a - mazed, ___ we're crip - pled and ___ we're

dazed. _____ A gar-den - er like that ___ one, ___

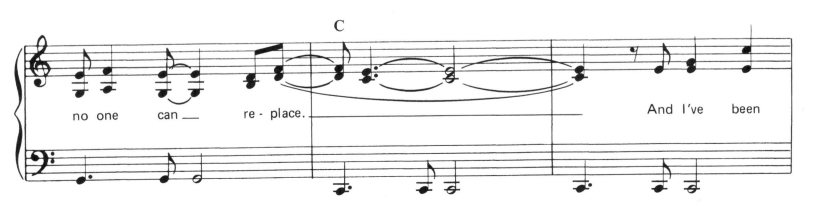

no one can ___ re - place. _____ And I've been

knock - ing, _____ but no one an - swers, _____

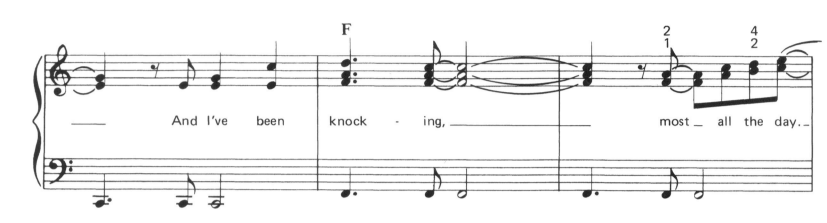

_____ And I've been knock - ing, _____ most _ all the day.

_____ Oh, and I've been call - ing, _

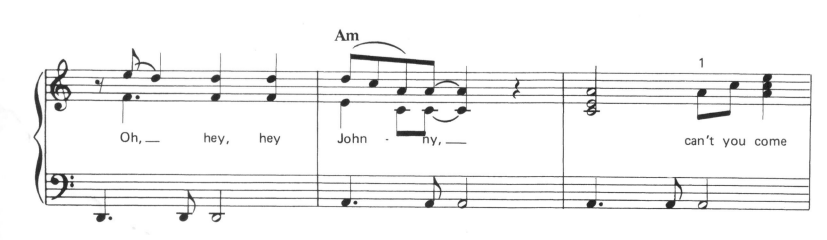

Oh, _ hey, hey John - ny, _ can't you come

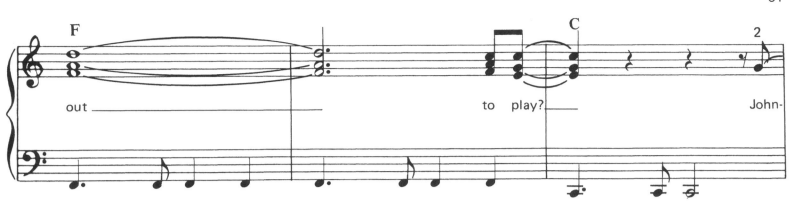

out _____ to play? _____ John-

- ny, _____ can't you come out __ to play in your emp - ty gar -

- den? _____ John - ny, _____ can't you come out __ to play

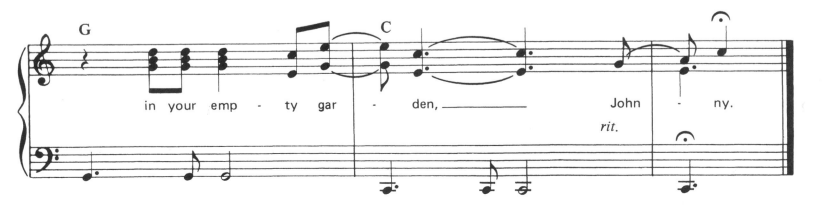

in your emp - ty gar - den, _____ John - ny.

rit.

I GUESS THAT'S WHY
THEY CALL IT THE BLUES

Words and Music by ELTON JOHN,
BERNIE TAUPIN and DAVEY JOHNSTONE

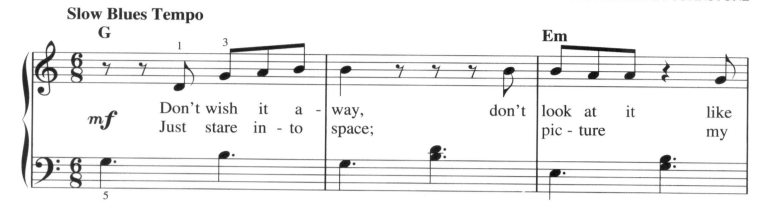

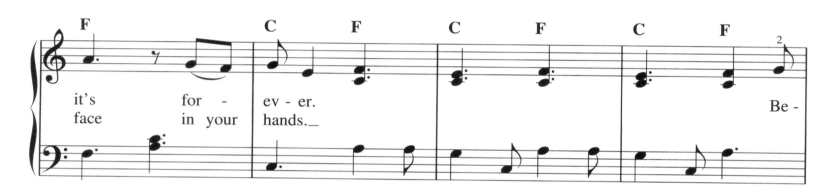

And I guess that's_ why they call it __ the blues.

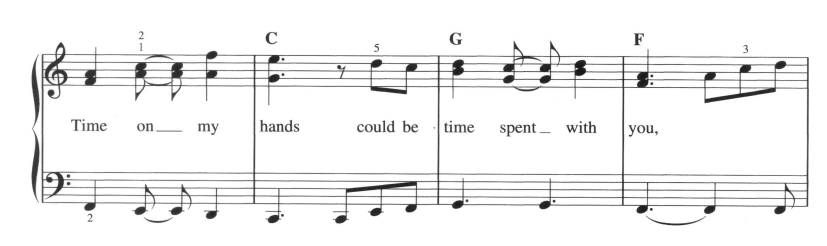

Time on__ my hands could be time spent_ with you,

laugh - ing__ like chil - dren, _ liv - ing__ like lov - ers, __

roll - ing__ like thun - der__ un - der__ the cov - ers; __

F

And I guess that's — why they call — it — the —

G7

1.

C

blues.

Em

F

2.

C

blues.

Em

F

And I guess that's — why they

G7

call — it — the —

C

blues. —

I WANT LOVE

Words and Music by ELTON JOHN
and BERNIE TAUPIN

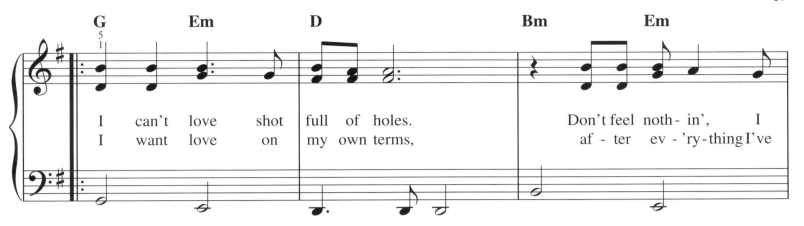

I can't love shot full of holes.
I want love on my own terms,

Don't feel noth-in', I
af-ter ev-'ry-thing I've

just feel cold.
ev-er learned.

Don't feel noth-in',
Me, I car-ry

just old scars
too much bag-gage.

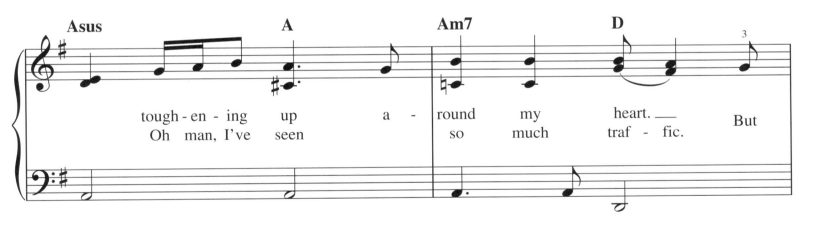

tough-en-ing up a-
Oh man, I've seen

round my heart.
so much traf-fic.

But

I want love,

just a dif-f'rent kind.

I'm read-y for the rough - er stuff. __ No sweet ro - mance,

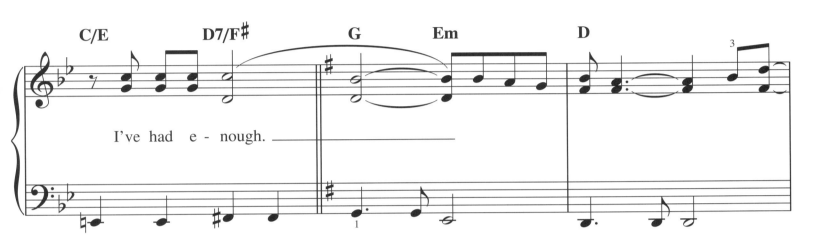

I've had e - nough. __

A man like me is

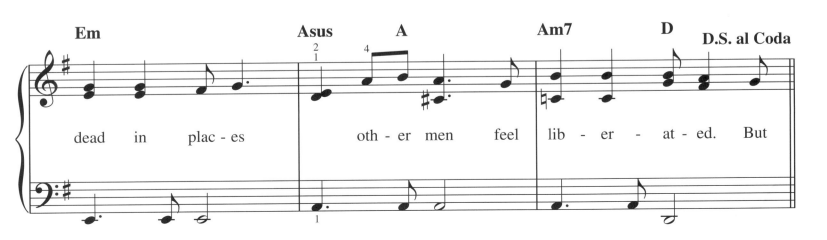

dead in plac - es oth - er men feel lib - er - at - ed. But

ISLAND GIRL

Words and Music by ELTON JOHN
and BERNIE TAUPIN

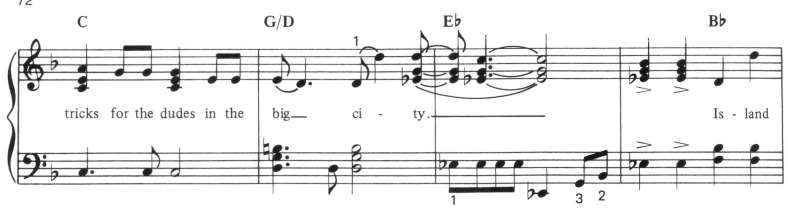

tricks for the dudes in the big___ ci - ty._____ Is - land

girl,_____ what you want - in' wid de white man's world?___

Is - land girl,_____ black boy want___ you in his is - land

world.___ He want to take you from de

rac - ket boss,__ He want to save you____ but de cause__ is lost.__

Is - land girl,__ is - land girl,____ is - land girl____

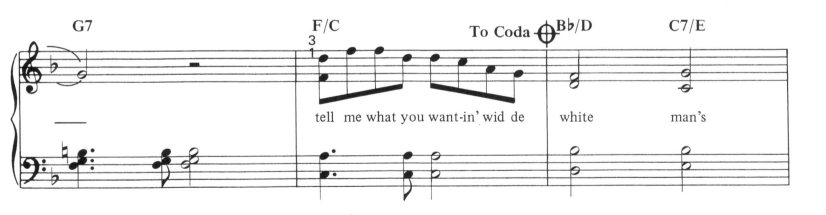

tell me what you want-in' wid de white man's

world.__

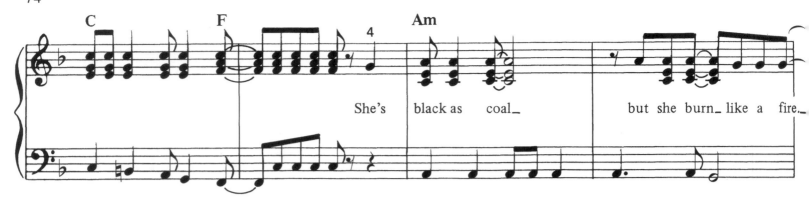

She's black as coal____ but she burn__ like a fire.__

And she wrap____ her-self a-round you

like a well-worn tire.____ You feel her

nail scratch_your back____ just like a rake.____

Oh,_____ he one more gone,__ he one__ more john__ who make__

_____ de mis-take.__ Is - land

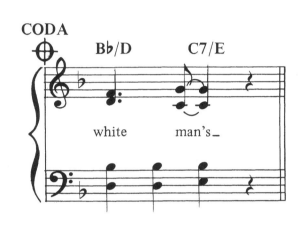

white man's_

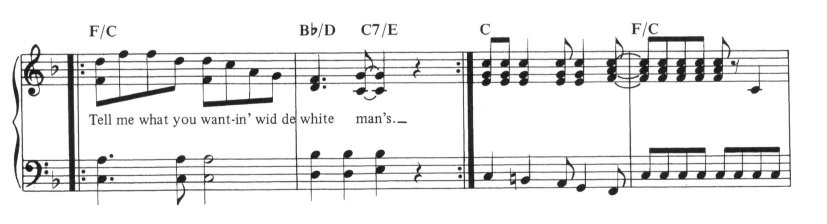

Tell me what you want-in' wid de white man's._

I'M STILL STANDING

Words and Music by ELTON JOHN
and BERNIE TAUPIN

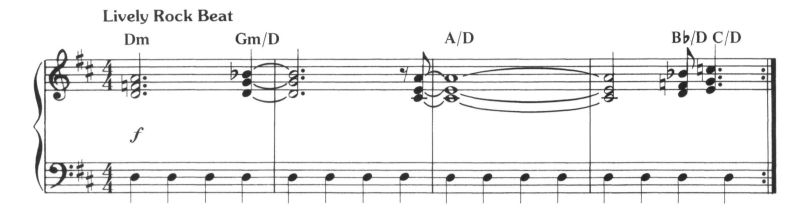

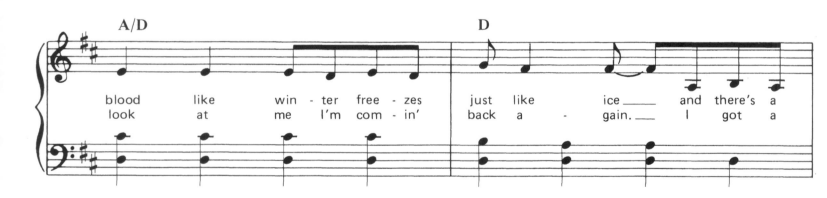

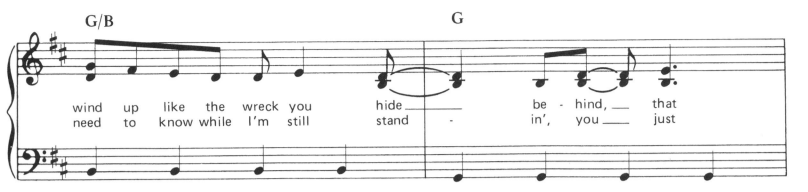

wind up like the wreck you
need to know while I'm still

hide _____ be - hind, _____ that
stand - in', you _____ just

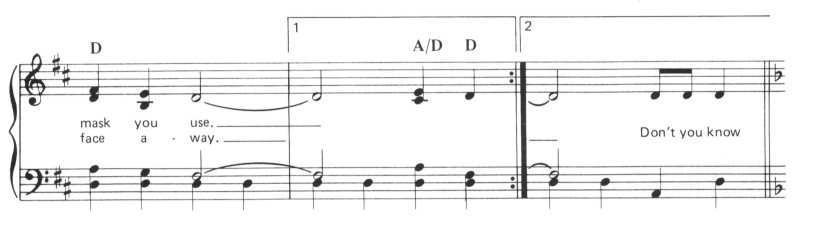

mask you use. _____
face a - way. _____

Don't you know

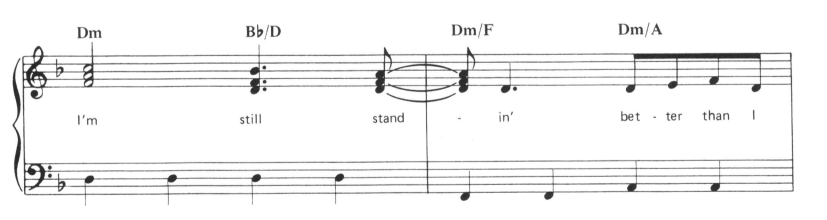

I'm still stand - in' bet - ter than I

ev - er did _____ look - in' like a

true sur - vi - vor, feel-in' like a lit - tle kid.___

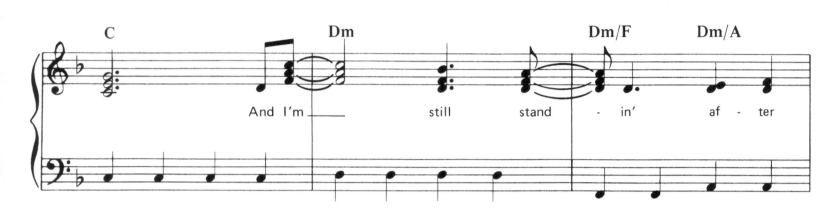

And I'm ___ still stand - in' af - ter

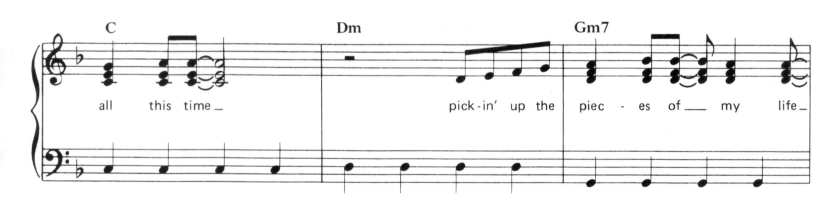

all this time ___ pick-in' up the piec - es of ___ my life ___

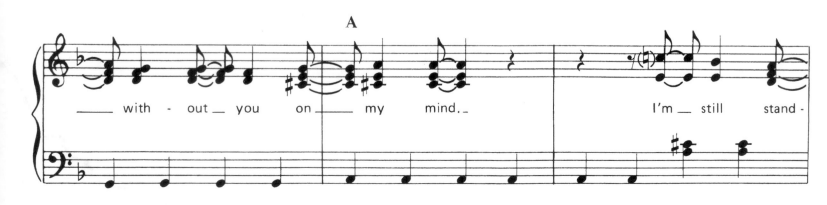

___ with - out ___ you on ___ my mind. ___ I'm ___ still stand -

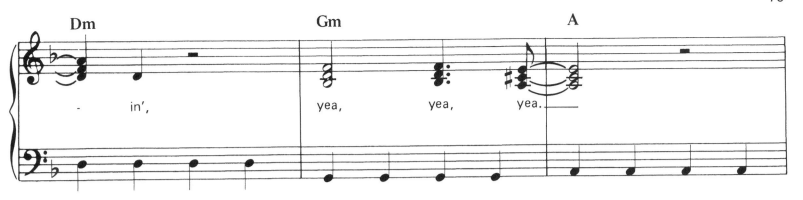

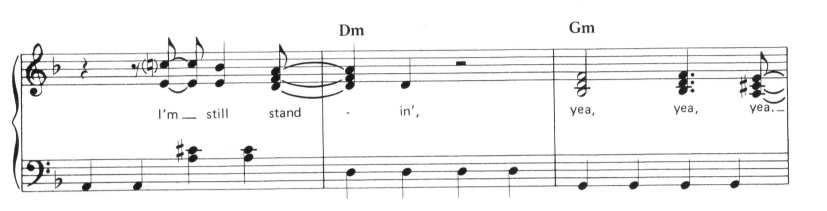

Additional Lyrics

Verse 3:

Once I never could hope to win,
You starting down the road leaving me again.
The threats you made were meant to cut me down,
And if our love was just a circus
You'd be a clown by now.

LITTLE JEANNIE

Words and Music by ELTON JOHN
and GARY OSBORNE

Oh,___ lit - tle Jean-nie, you got
Lit - tle Jean-nie, you got

so much___ love,___ lit - tle Jean - nie.___
so much___ time,___ lit - tle Jean - nie.___

And you take it where it strikes _____ and
Though you've grown be - yond _ your years, _____

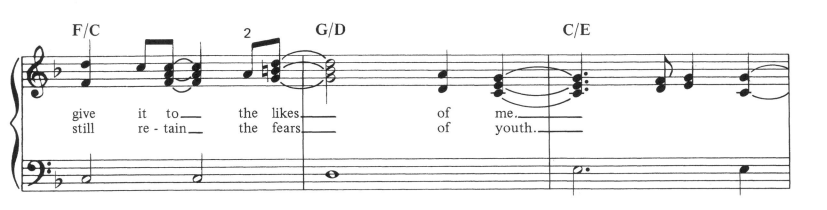

give it to _ the likes _____ of me. _____
still re - tain _ the fears _ of youth. _____

Oh, _ lit - tle Jean-nie,
Oh, _ lit - tle Jean-nie,

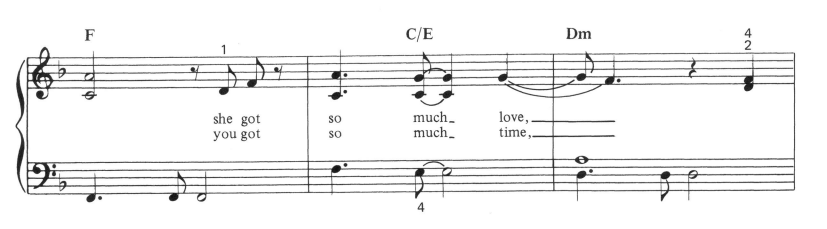

she got so much _ love,
you got so much _ time,

lit - tle Jean - nie._____ So I
lit - tle Jean - nie._____ But you're

Eb/Bb   **F/C**

see you when I can._____ You make me all___ a man
burn - ing it up so fast,_____ search - ing for___ some last-

G/D   **C/E**

can be._____ And I
- ing truth._____

Eb/Bb   **Bb**   **F**

want you to be___ my ac - ro - bat, I

want you to be— my lov - er.— Oh,— there were oth-

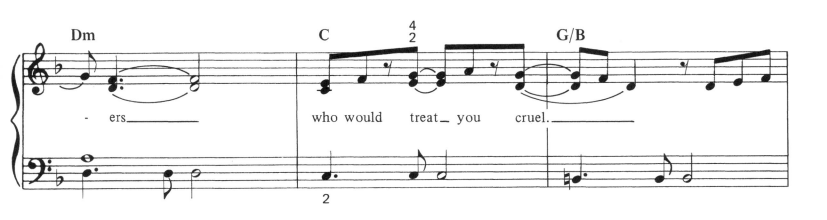

-ers_____ who would treat_ you cruel._____

And oh,_____ Jean - nie,_____

you were al - - ways some - one's_ fool. (I'm still_

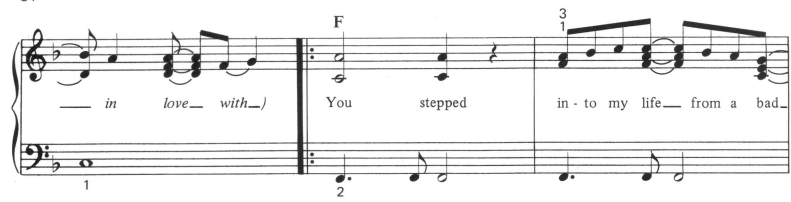

in love with) You stepped in-to my life_ from a bad_

dream, mak-ing the life_ I had_ _ seem

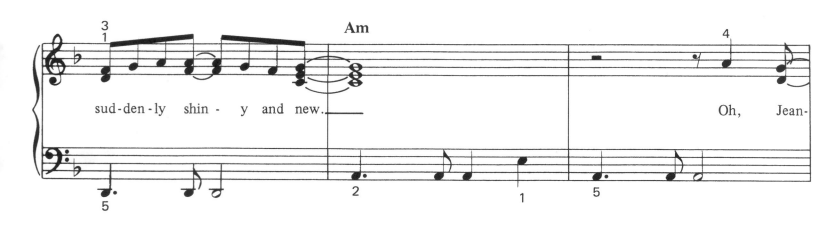

sud-den-ly shin-y and new._ _ Oh, Jean-

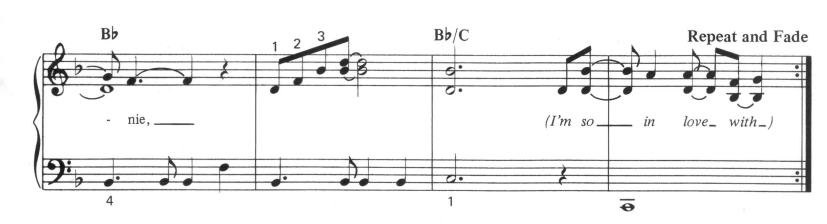

-nie, _ (I'm so_ in love_ with_)

NIKITA

Words and Music by ELTON JOHN
and BERNIE TAUPIN

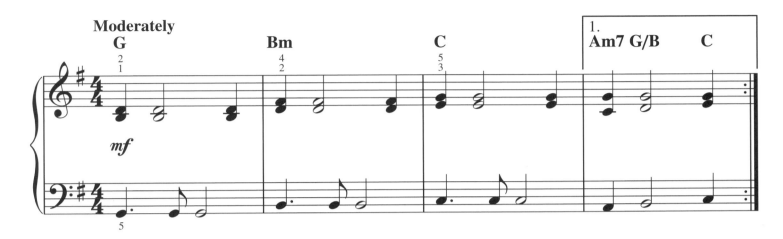

Hey, Ni - ki - ta, is it cold __
Do you ev - er dream of me? __

in your lit - tle cor - ner
Do you ev - er see __ the let - ters

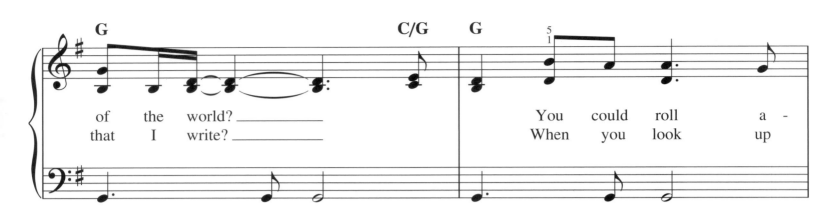

of the world? _____ / that I write? _____

You could roll a- / When you look up

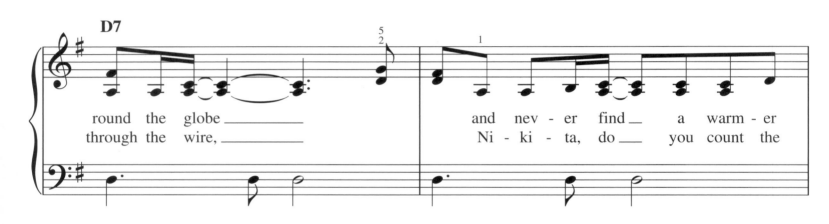

round the globe _____ / through the wire, _____

and nev - er find __ a warm - er / Ni - ki - ta, do __ you count the

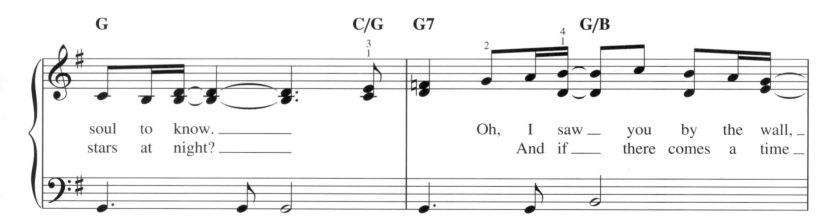

soul to know. _____ / stars at night? _____

Oh, I saw __ you by the wall, __ / And if ___ there comes a time __

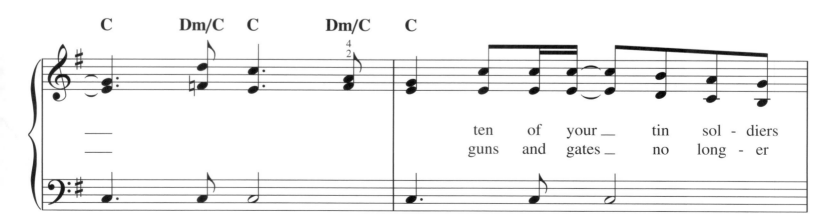

___ ten of your __ tin sol - diers / ___ guns and gates __ no long - er

bout my home. _____ I'll nev - er know_ how good it feels_ to

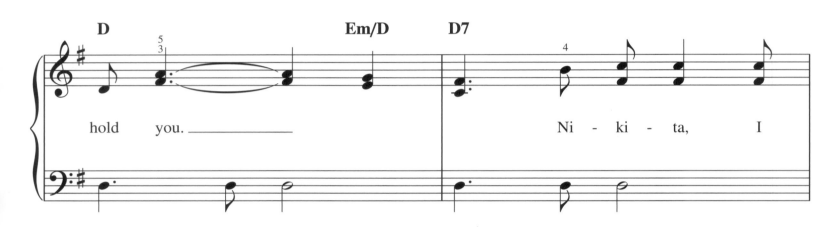

hold you. _____ Ni - ki - ta, I

need you so. _____ Oh, Ni - ki - ta, is the

oth - er side _____ of an - y giv - en

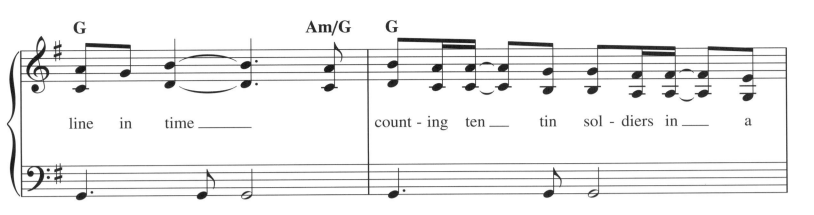

line in time _____ count - ing ten ___ tin sol - diers in ___ a

row? Oh no, Ni - ki - ta, you'll

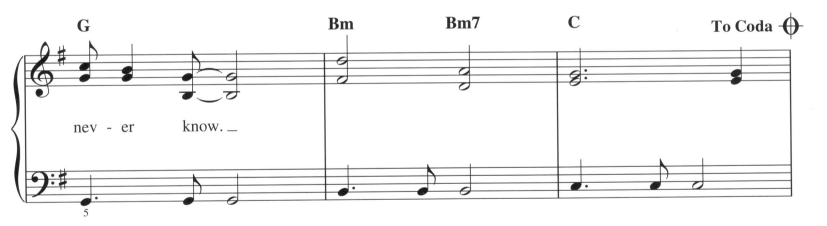

nev - er know. ___

To Coda

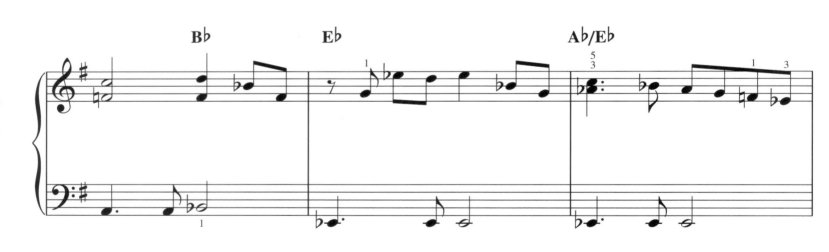

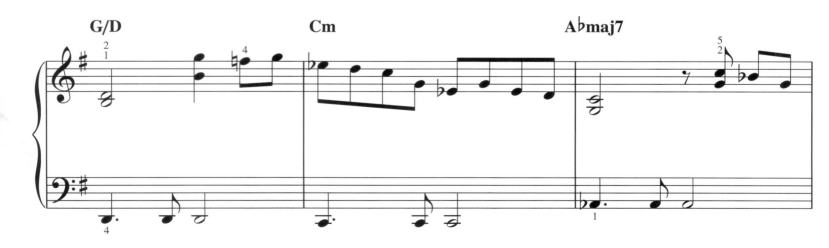

NEVER TOO OLD
(To Hold Somebody)

Words and Music by ELTON JOHN
and BERNIE TAUPIN

Don't a-ban-don the light,
Don't think you've gone out,

don't step a-way.___
don't flick-er and fade.

Don't give up that tune that you
If you're gon-na get lem-ons, then you

nev-er could play.___
do what they say.___

If you're fold-ing your tent___ and the
The wind makes you wea-ry, oh, it

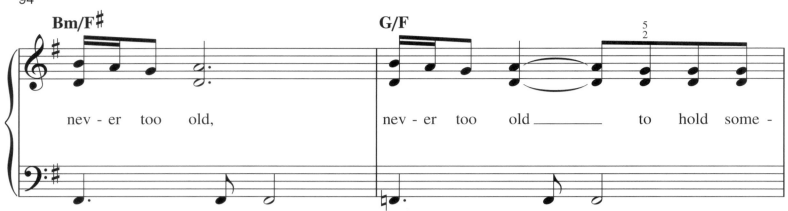

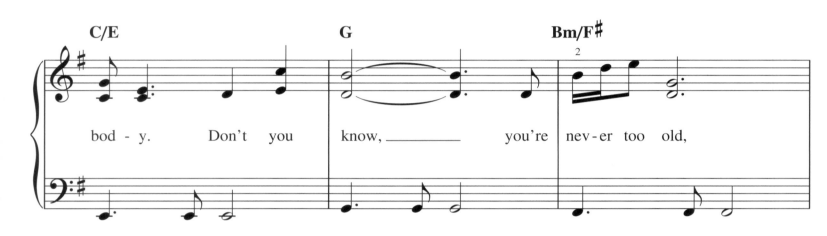

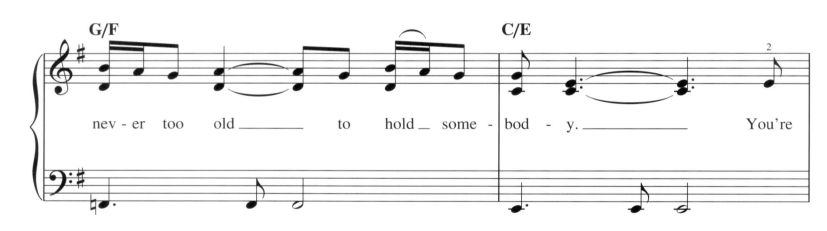

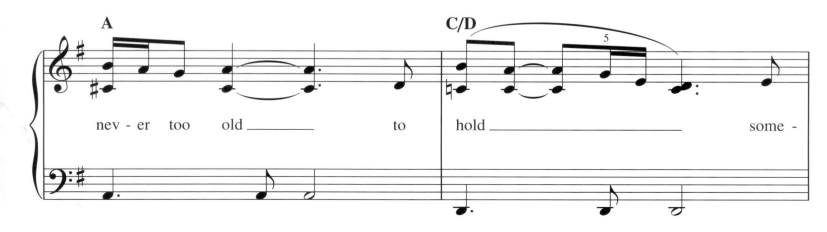

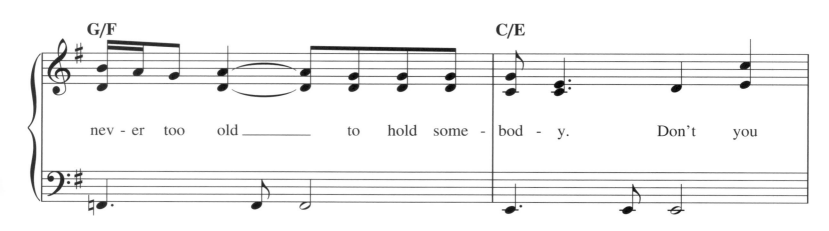

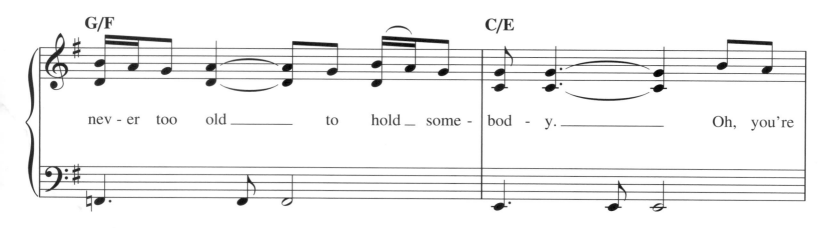

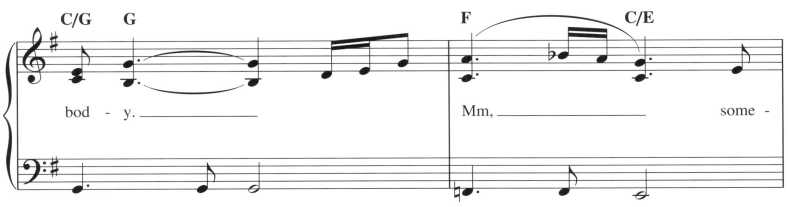

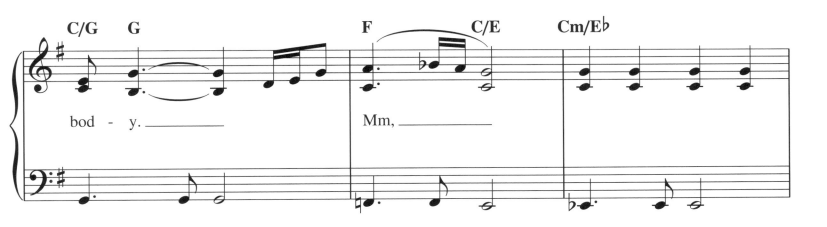

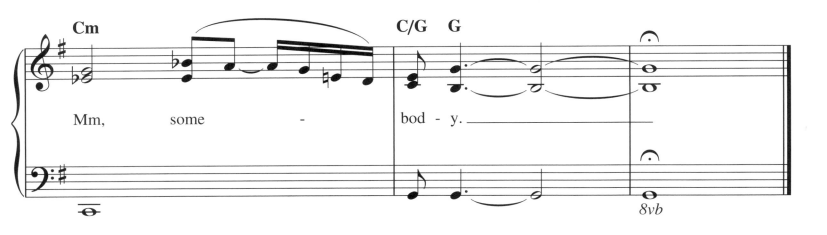

THE ONE

Words and Music by ELTON JOHN
and BERNIE TAUPIN

Moderate Ballad

I saw you danc - in' out the o - cean,
There are car - a - vans we fol - low,
Instrumental solo

run - nin' fast a - long the sand;
drunk - en nights in dark ho - tels,

a spir - it born of earth and wa - ter,
when chanc - es breathe be - tween the si - lence,

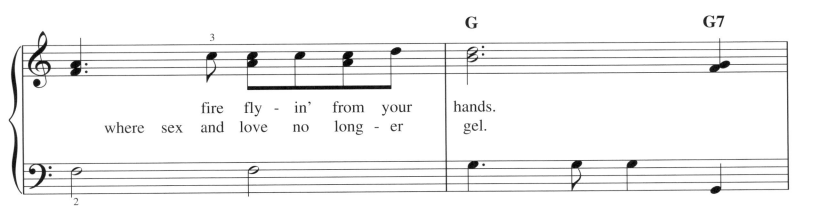

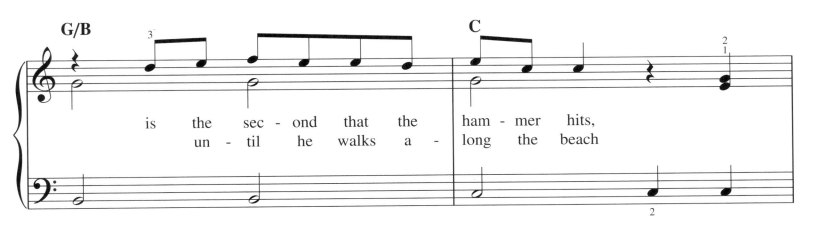

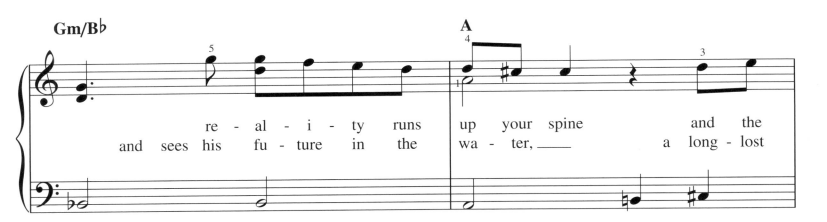

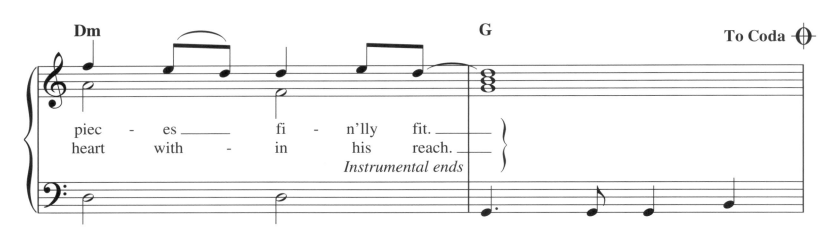

piec - es _____ fi - n'lly fit. _____
heart with - in his reach. _____
Instrumental ends

And all I ev - er need - ed was the one,

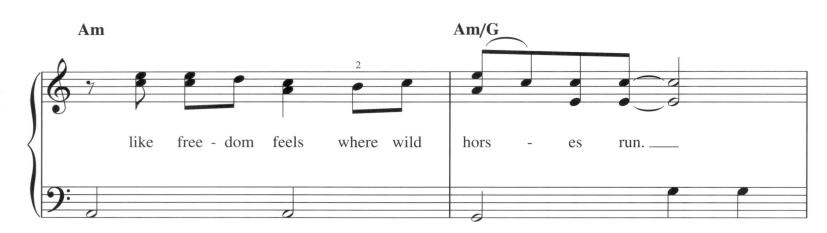

like free - dom feels where wild hors - es run. _____

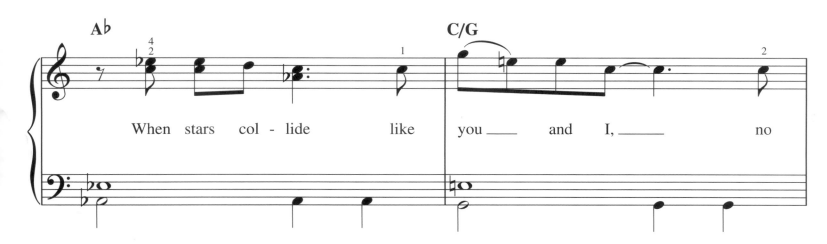

When stars col - lide like you _____ and I, _____ no

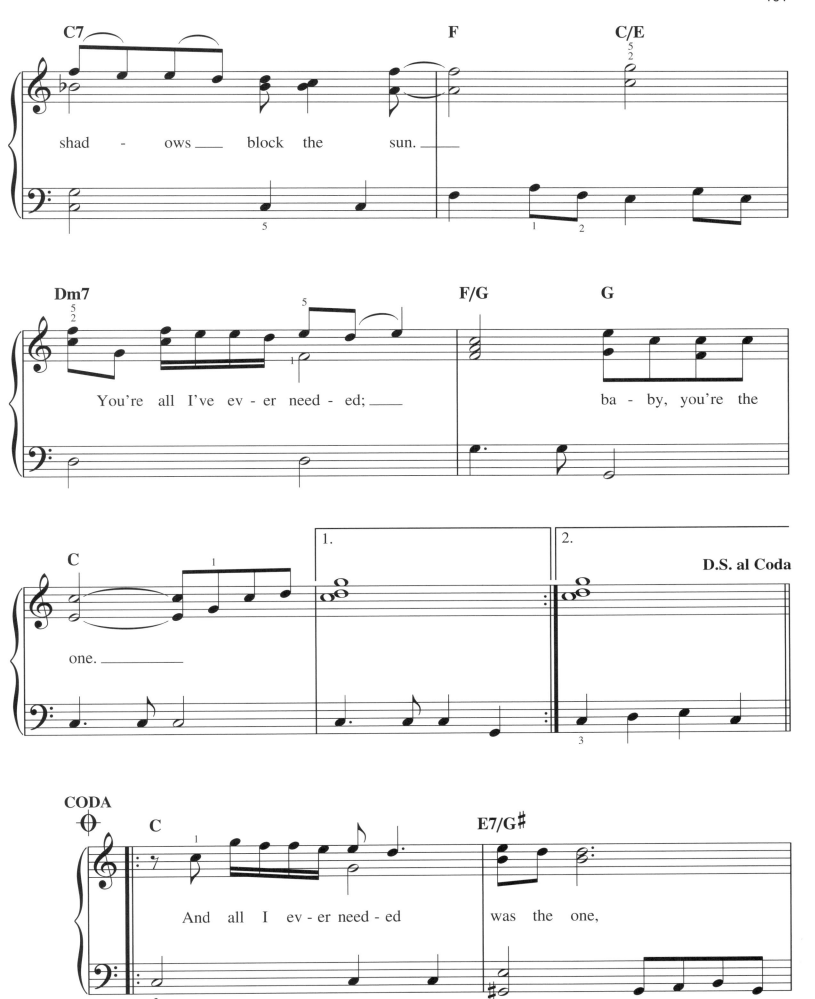

PHILADELPHIA FREEDOM

Words and Music by ELTON JOHN
and BERNIE TAUPIN

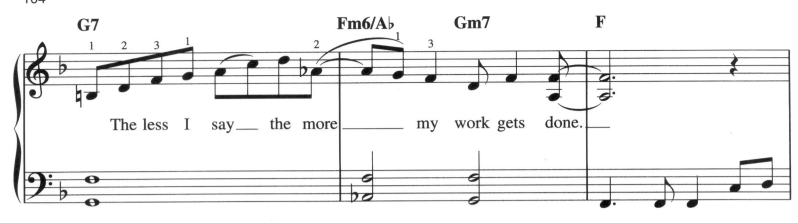

The less I say___ the more___ my work gets done.___

'Cause I live and breathe_ this Phil - a - del - phi - a free -

- dom. _____ From the day that I ___ was born ___

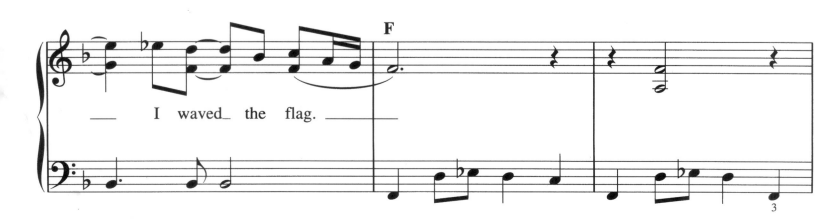

___ I waved_ the flag. _____

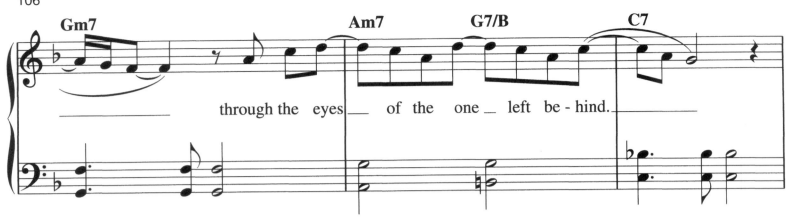

through the eyes __ of the one __ left be - hind. __

Shine the light, __ shine __ the light, __

shine the light, __ won't you shine the light. __

Phil - a - del - phi - a free -

- dom I love -ove -ove __ you. *cresc.*

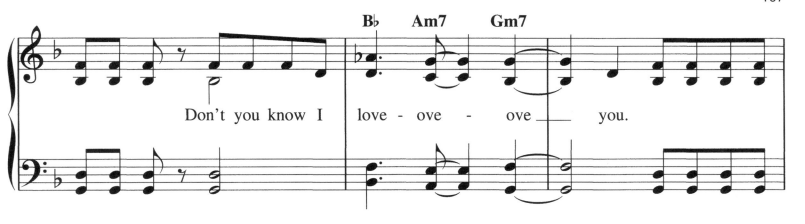

Don't you know I love - ove - ove ___ you.

Don't you know I love - ove - ove ___ you,

Repeat and Fade

yes I do.___ (Phil-a-del-phi-a free - dom) Don't you know that I

Additional Lyrics

2. If you choose to, you can live your life alone
   Some people choose the city,
   Some others choose the good old family home.
   I like living easy without family ties
   'Til the whippoorwill of freedom zapped me
   Right between the eyes.

ROCKET MAN
(I Think It's Gonna Be a Long Long Time)

Words and Music by ELTON JOHN
and BERNIE TAUPIN

Moderately slow, in 2

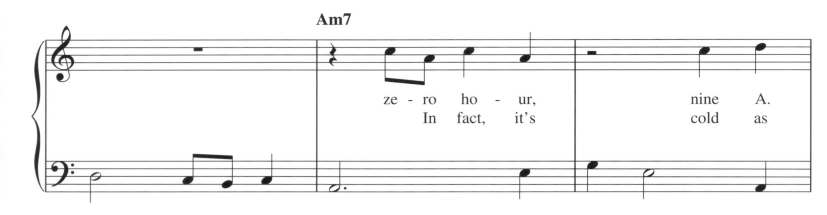

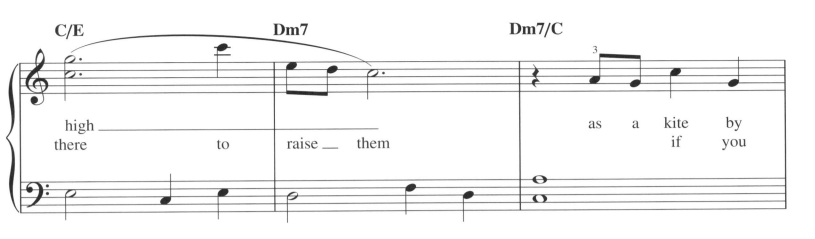

high _____ there _____ to raise __ them

as a kite by
if you

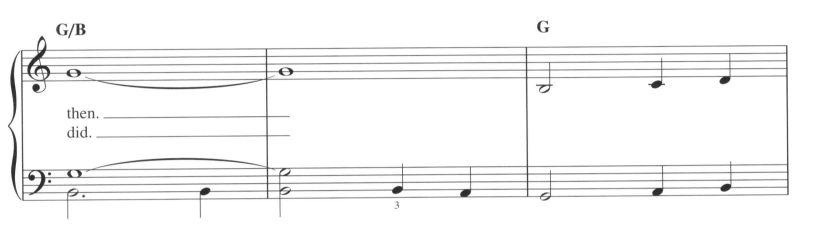

then. _____
did. _____

I miss the earth so much. I
And all this sci - ence, I I don't

miss my wife.
un - der - stand.

It's
It's just my

110

SATURDAY NIGHT'S ALRIGHT
(For Fighting)

Words and Music by ELTON JOHN
and BERNIE TAUPIN

With a beat

It's get-ting late,___ have you seen my mates?___ Ma,
packed pret-ty tight in here to-night,___ I'm

tell me when the boys get here.___ It's
look-in' for a dol-ly to ___ see me right, I may

sev-en o'-clock ___ and I wan-na rock. wan-na get ___
use a lit-tle mus-cle to get what I need. I may sink ___

a bel - ly full of beer. she's with me. My__
a lit - tle drink and shout out A cou-

old man's__ drunk - er than a bar - rel full of mon - keys and my
ple of__ sounds__ that I real - ly__ like__ are the

old la - dy, she don't care. mo - tor - bike. My
sound of a switch blade and a I'm a

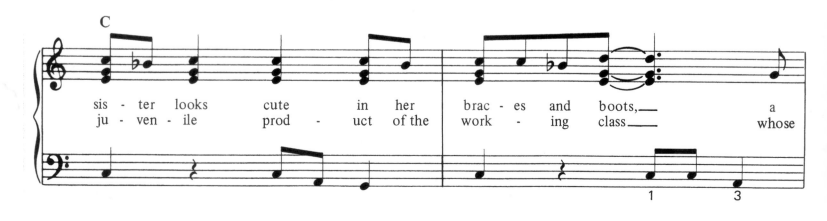

sis - ter looks cute in her brac - es and boots,__ a
ju - ven - ile prod - uct of the work - ing class__ whose

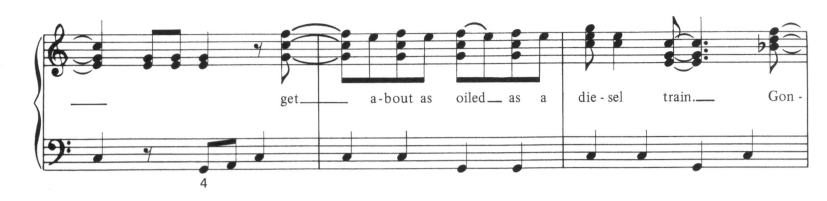

get____ a-bout as oiled____ as a die-sel train.____ Gon-

-na set this dance____a-light____ 'cause Sat-ur-day night's__the night____

____ I like,____ Sat-ur-day night's__al-right,____ al-right,__al-right.

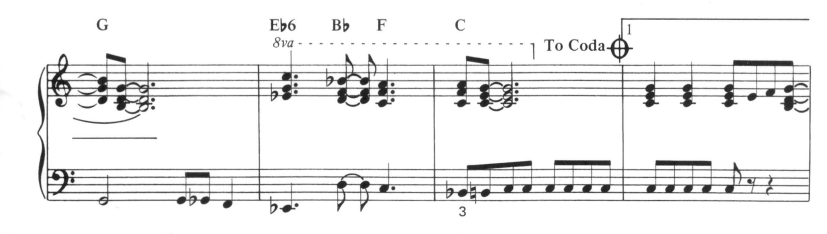

To Coda

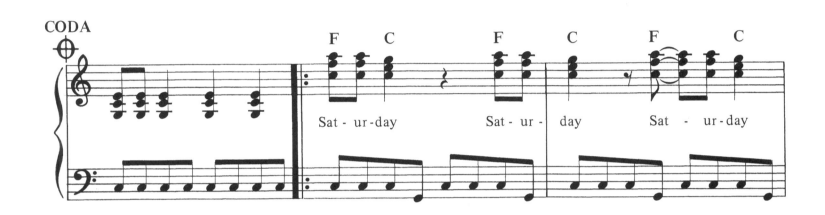

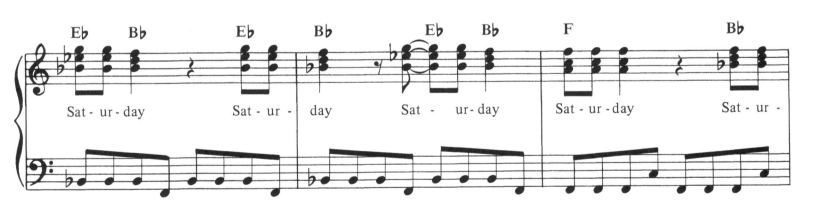

SAD SONGS
(Say So Much)

Words and Music by ELTON JOHN
and BERNIE TAUPIN

Moderately, with a blues feel

Guess there are times when we all need
If some-one else is suf-fer-in' e-nough,

— to share a lit-tle pain, —
— oh, — to write it down, —

and iron-ing out the
when ev-'ry sin-gle

rough spots — is the hard-est part when mem-o-ries re-main.
word makes sense, — then it's ea-si-er to have those songs a-round.

And it's times ___ like these ___ when we all ___ need ___ to hear ___ the ra -
The kick in - side ___ is in ___ the line ___ that fi - nal - ly gets

- di - o, ___ 'cause from the lips ___ of ___ some ___ old sing -
___ to ___ you. ___ And it feels so good to hurt so ___ bad ___

- er we can share the trou - bles we al - read - y know. }
and suf - fer just e - nough to sing ___ the blues. ___ }
So turn 'em on,

turn 'em on, ___ turn on those sad songs. ___

When all hope is gone,— why don't you tune in and turn— them on?—

— They reach in - to your room, oh, _____

— just feel— their— gen - tle touch._ When all hope is gone,

— a sad song— says— so much.—

SOMEDAY OUT OF THE BLUE

(Theme from El Dorado)
from THE ROAD TO EL DORADO

Music by ELTON JOHN
and PATRICK LEONARD
Lyrics by TIM RICE

you, as if our love were _____ new.
you, as if we al - ways _____ knew

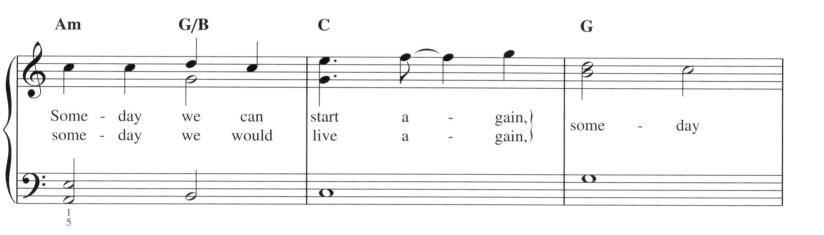

Some - day we can start a - gain, some - day
some - day we would live a - gain, some - day

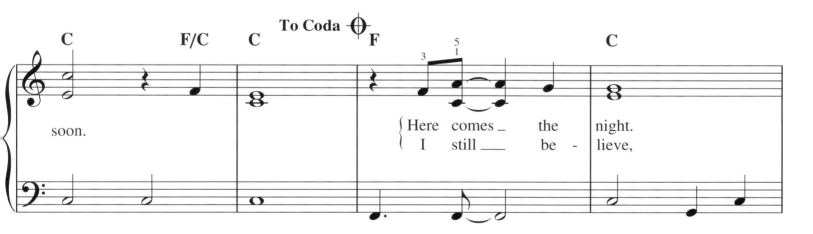

soon.
Here comes _ the night.
I still _____ be - lieve,

Here come the mem-o - ries. Lost in your arms,
I still put faith in us. We had it all

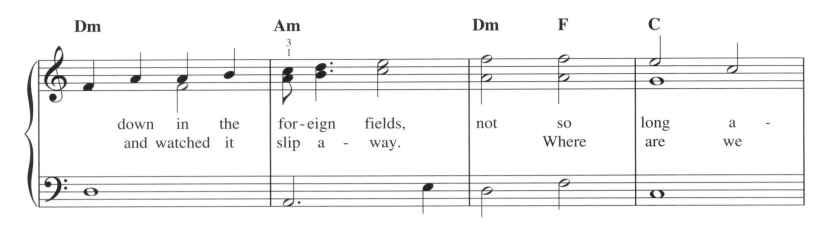

down in the for-eign fields, not so long a-
and watched it slip a - way. Where are we

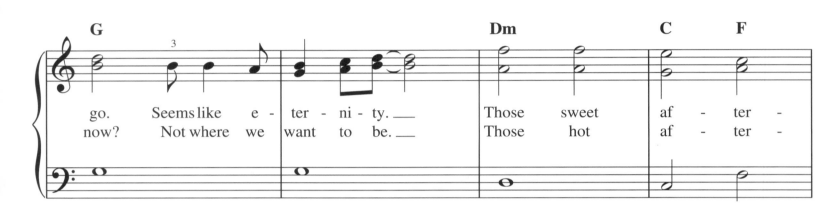

go. Seems like e - ter - ni - ty. ___ Those sweet af - ter -
now? Not where we want to be. ___ Those hot af - ter -

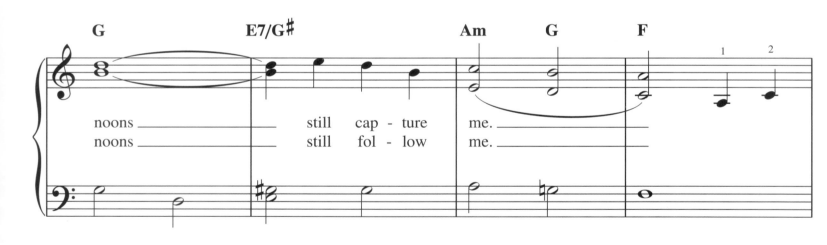

noons ___ still cap - ture me. ___
noons ___ still fol - low me. ___

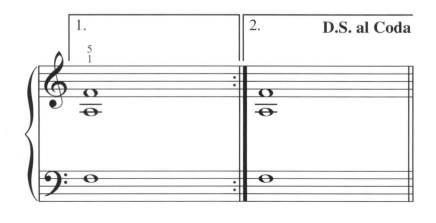

1.

2. **D.S. al Coda**

CODA

Am

I still be - lieve, I still put faith in us.

I still be - lieve, I still put faith in us.

I still be - lieve, I still put faith in us.

SORRY SEEMS TO BE
THE HARDEST WORD

Words and Music by ELTON JOHN
and BERNIE TAUPIN

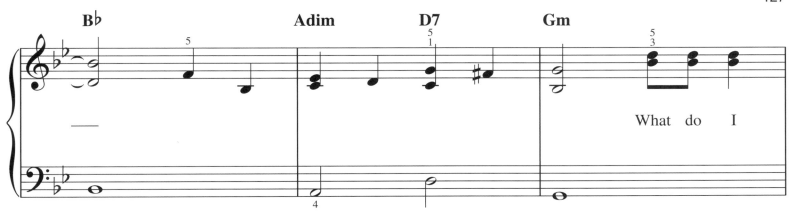

What do I

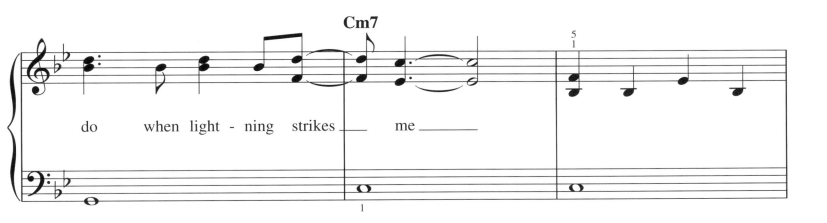

do when light - ning strikes ___ me ___

and I wake to find ___ that you're not there?

What do I do to make you want ___

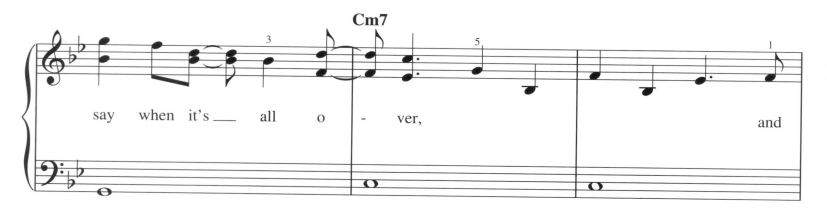

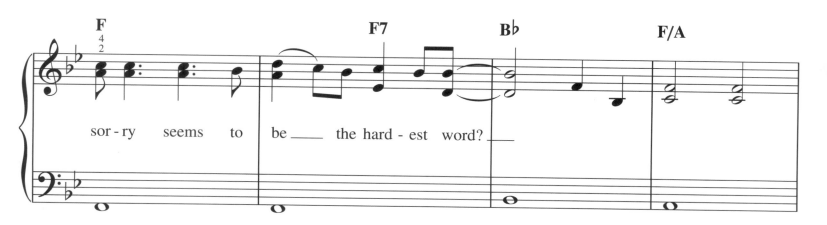

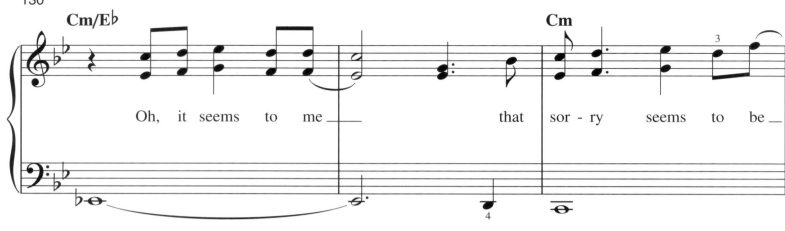

Oh, it seems to me ___ that sor - ry seems to be ___

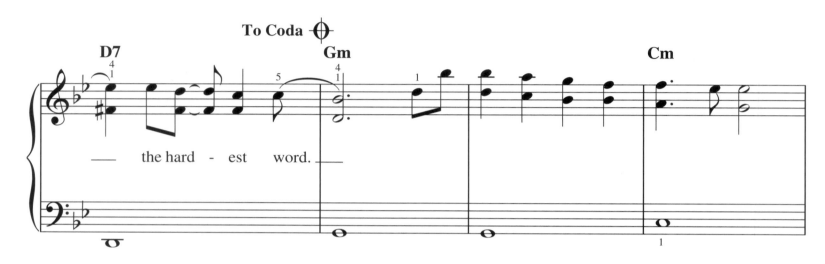

___ the hard - est word. ___

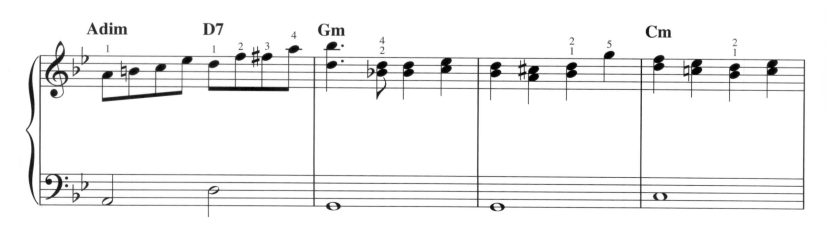

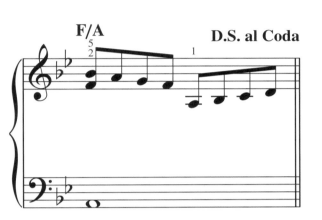

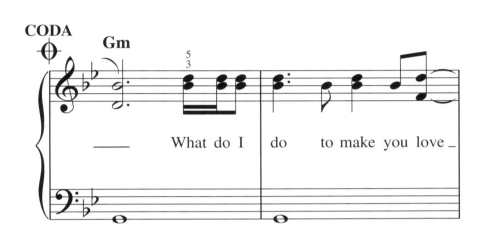

What do I do to make you love

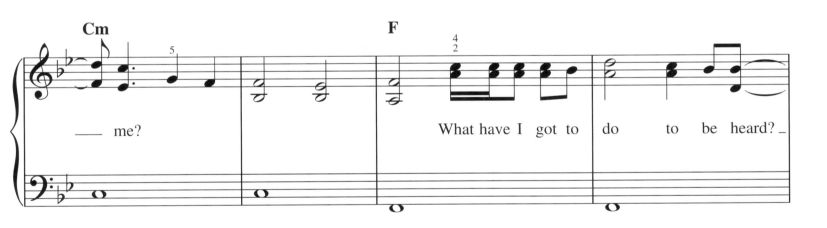

me?

What have I got to do to be heard?

What do I

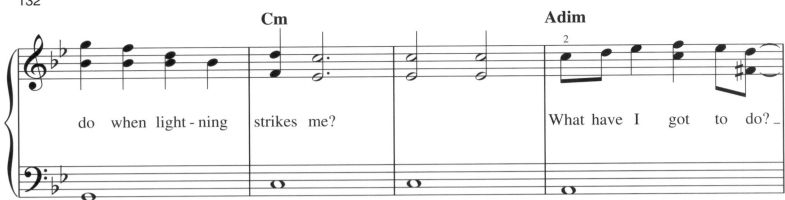

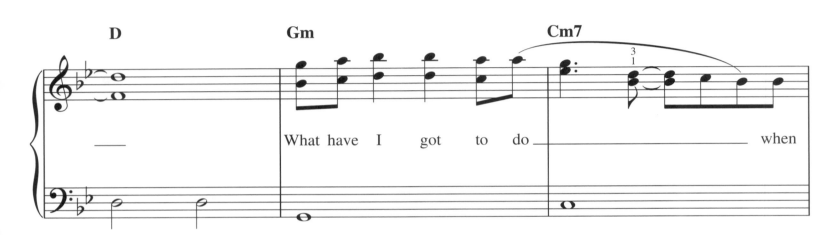

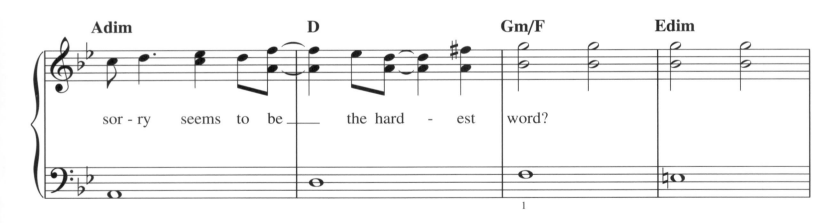

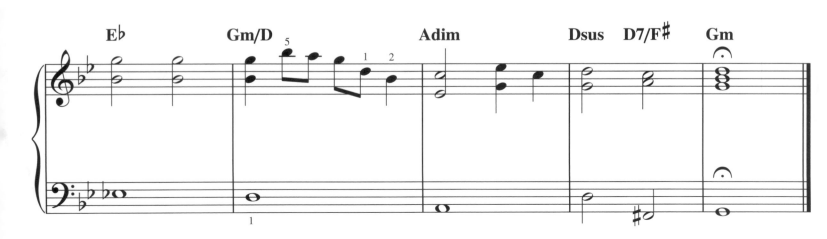

WRITTEN IN THE STARS

from Elton John and Tim Rice's AIDA

Music by ELTON JOHN
Lyrics by TIM RICE

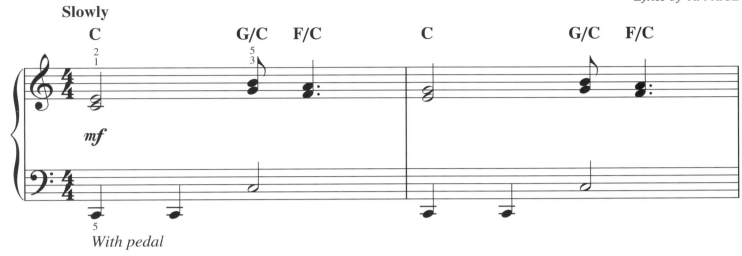

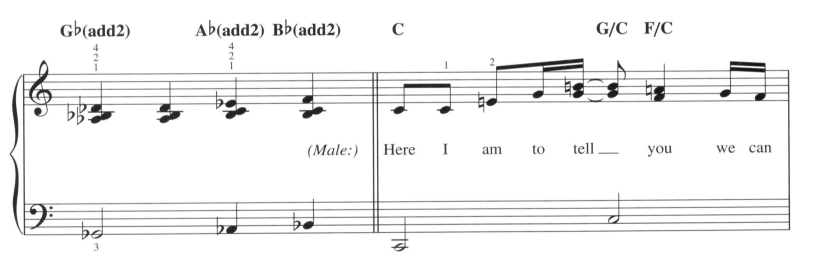

(Male:) Here I am to tell ___ you we can

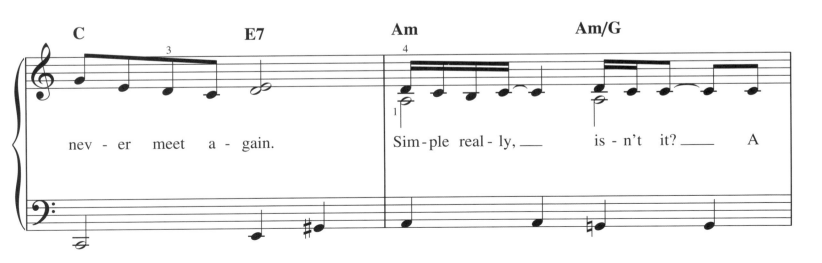

nev - er meet a - gain.   Sim-ple real - ly, ___ is - n't it? ___ A

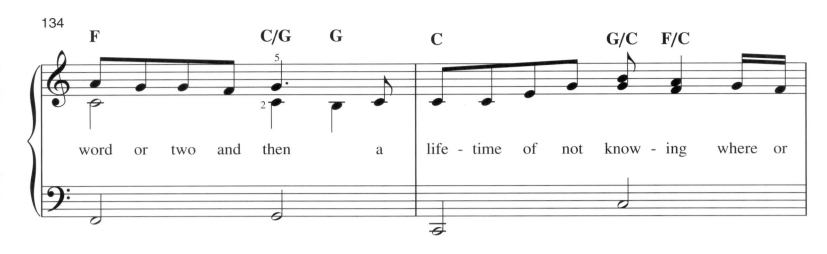

word or two and then a life-time of not know-ing where or

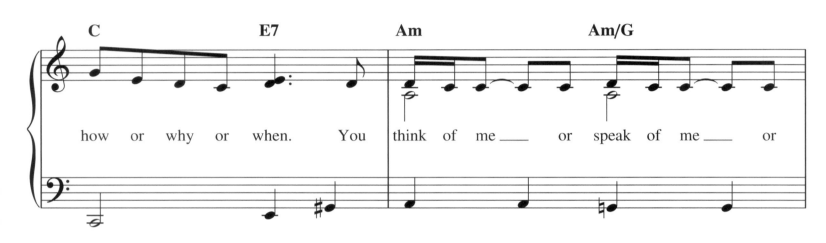

how or why or when. You think of me ___ or speak of me ___ or

won-der what be-fell ___ the some-one you once loved __ so long a-

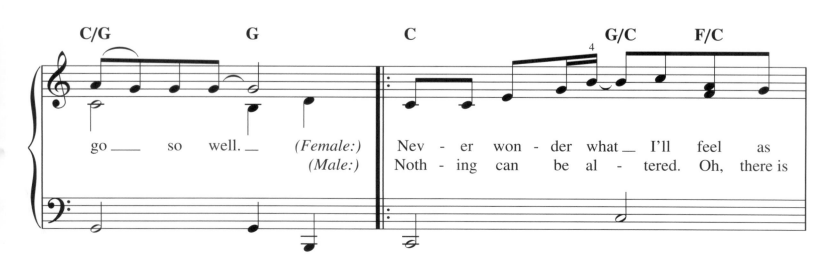

go ___ so well. __ *(Female:)* Nev-er won-der what __ I'll feel as
(Male:) Noth-ing can be al-tered. Oh, there is

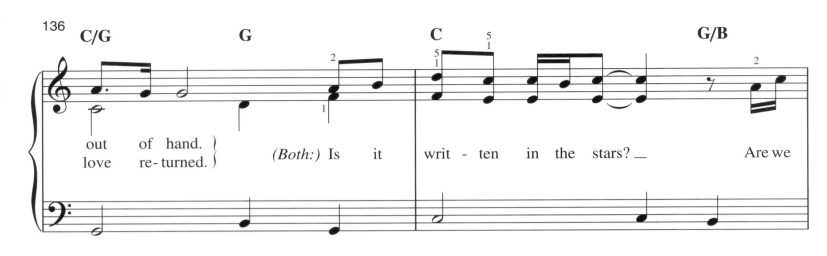

out   of hand.   *(Both:)* Is   it   writ - ten in the stars? __   Are we
love re - turned.

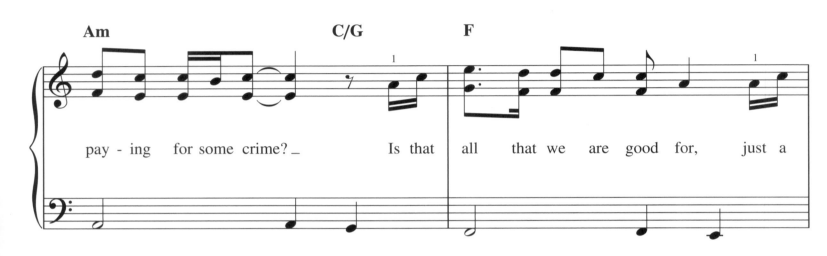

pay - ing   for some crime? __   Is that   all   that we are good for,   just a

stretch of mor - tal time? __   Is this   God's ex - per - i - ment __   in

which we have no say? __   In   which we're giv - en par - a - dise,   but

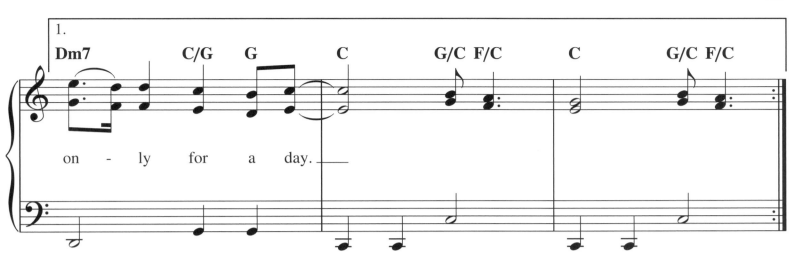

on - ly for a day.

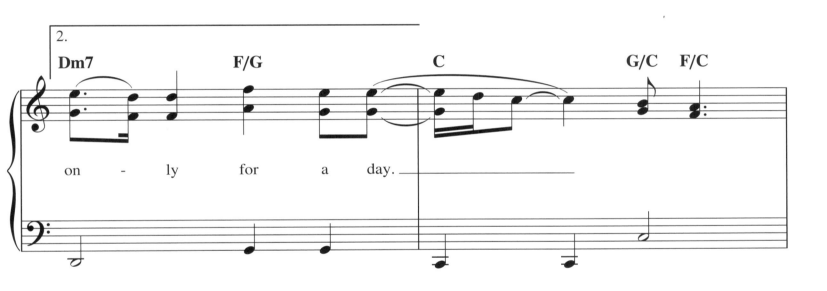

on - ly for a day.

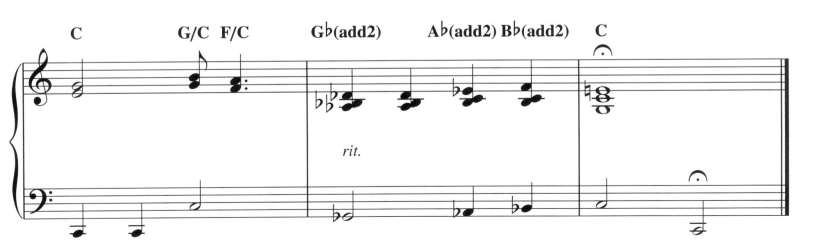

rit.

TAKE ME TO THE PILOT

Words and Music by ELTON JOHN
and BERNIE TAUPIN

Moderately Fast (♩ = 1 count)

If you feel _____ that it's real _____ I'm on trial, _____

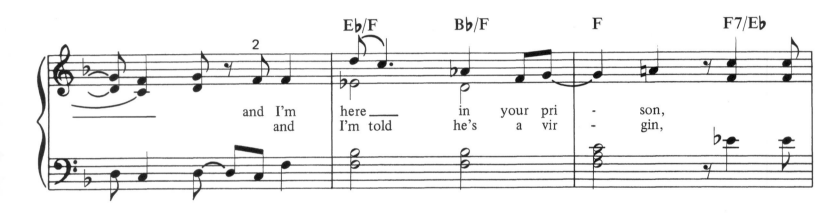

and I'm / and
here _____ in your pri - son,
I'm told he's a vir - gin,

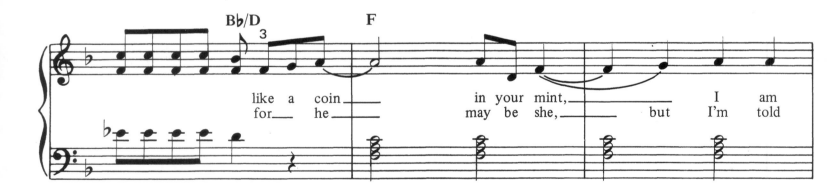

like a coin _____ in your mint, _____ I am
for _____ he may be she, _____ but I'm told

dent-ed and spent with high trea - son.
and I'm nev - er, nev - er for cer - tain.

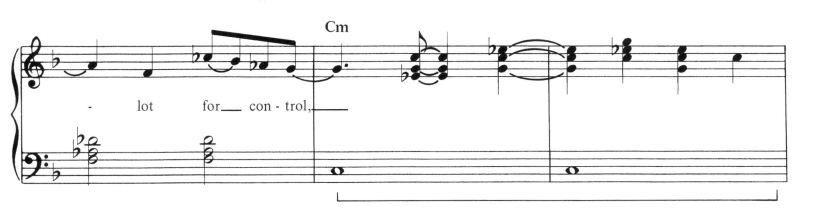

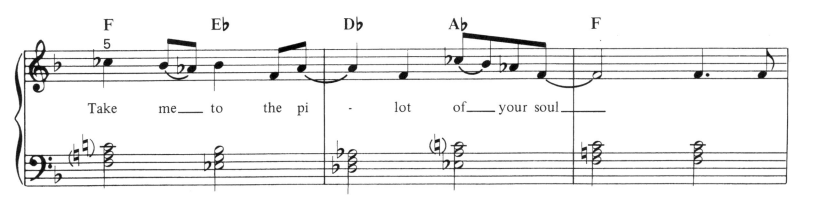

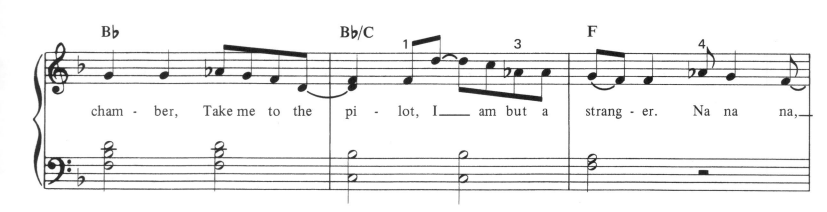

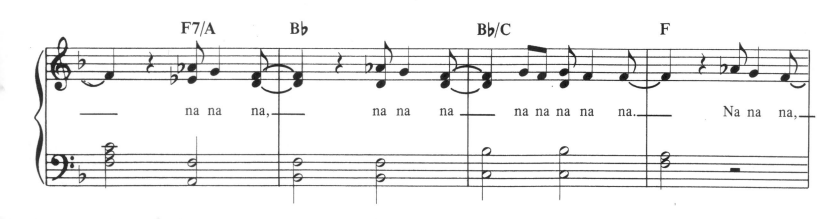

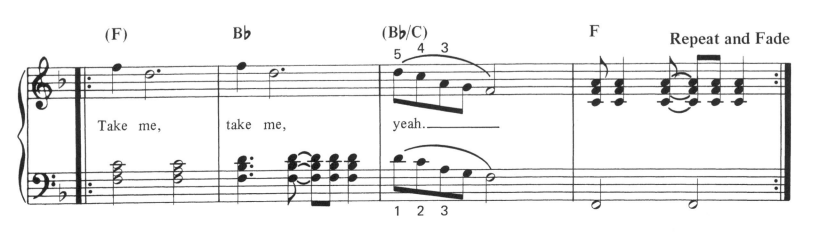

YOU GOTTA LOVE SOMEONE

featured in the Paramount Motion Picture DAYS OF THUNDER

Words and Music by ELTON JOHN
and BERNIE TAUPIN

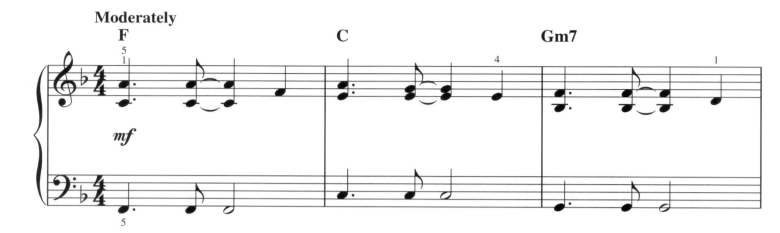

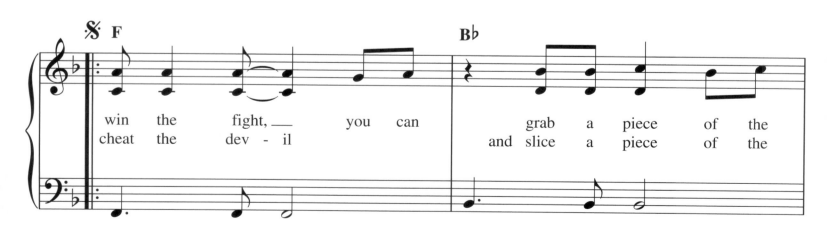

win the fight, ___ you can grab a piece of the
cheat the dev-il and slice a piece of the

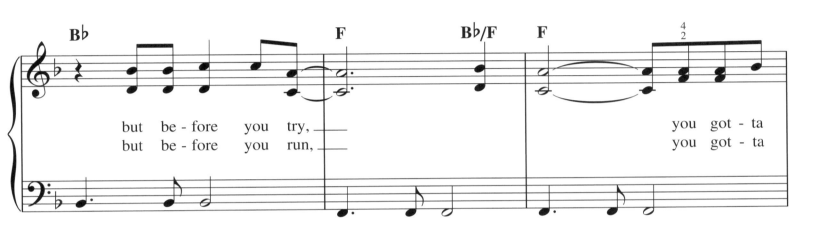

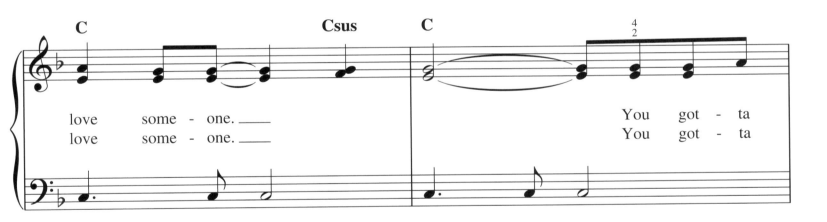

steal the face   from the   moon.   You can

beat the   clock, __   but be - fore   high   noon, __

you got - ta   love some - one. __   You got - ta

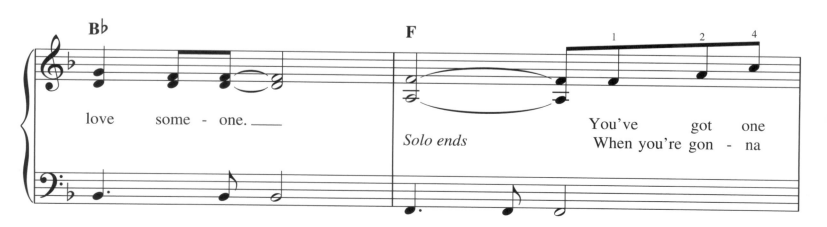

love   some - one. ____   *Solo ends*   You've   got   one

When you're gon - na

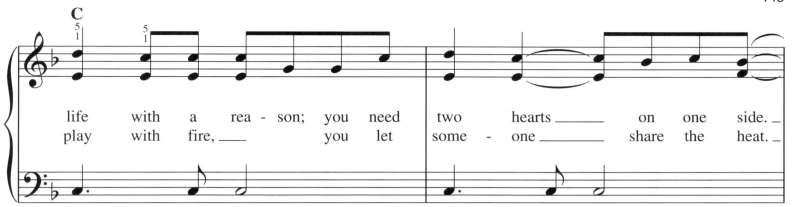

life   with   a   rea-son;   you   need   two   hearts _____   on   one   side.
play   with   fire, _____   you   let   some-one _____   share   the   heat. _

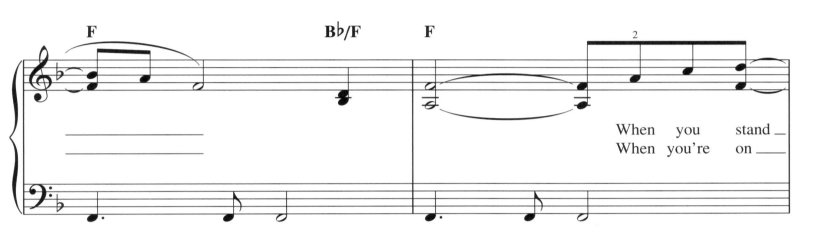

_____

_____

When   you   stand __
When   you're   on _____

___   a-lone _____   and   there's   no   one   there _____   to
___   your   own, _____   and   there's   no   one   there _____   to

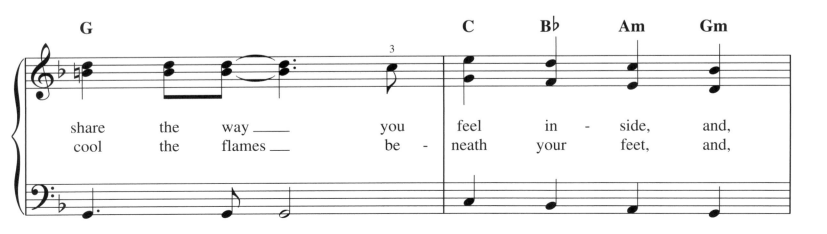

share   the   way _____   you   feel   in-side,   and,
cool   the   flames _____   be-neath   your   feet,   and,

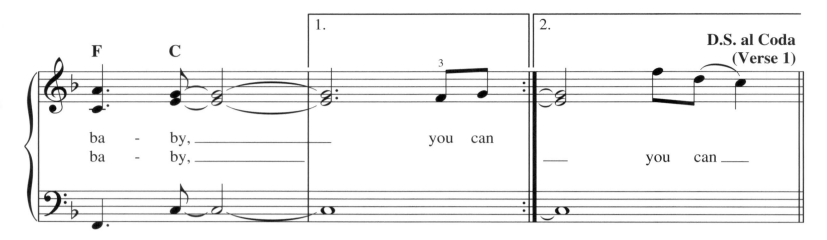

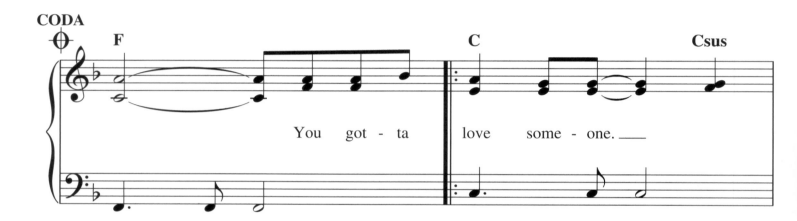

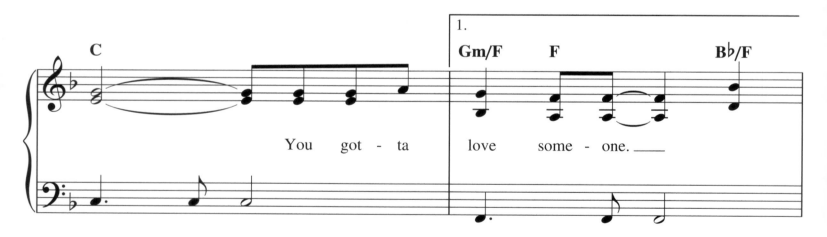

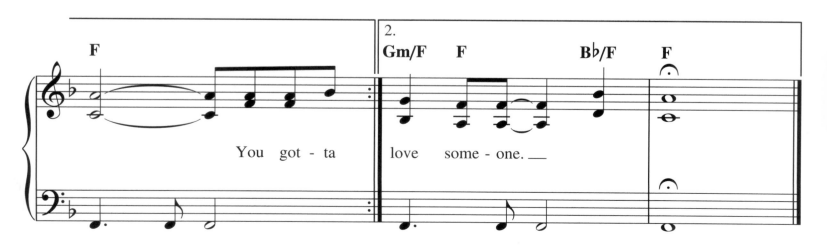

YOUR SONG

Words and Music by ELTON JOHN
and BERNIE TAUPIN

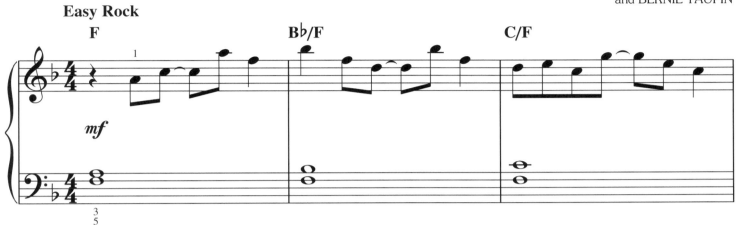

It's a lit - tle bit   fun - ny
If I were a   sculp - tor,
I sat on a   roof___

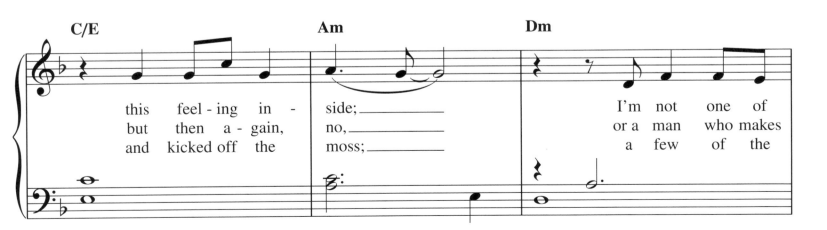

this feel - ing in -   side;___
but then a - gain,   no,___
and kicked off the   moss;___

I'm not one of
or a man who makes
a few of the

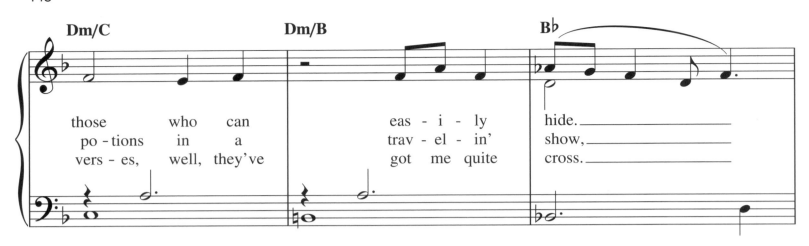

Dm/C ... **Dm/B** ... **B♭**

those who can | eas - i - ly | hide._____
po - tions in a | trav - el - in' | show,_____
vers - es, well, they've | got me quite | cross._____

F/C ... **C** ... **A/C♯**

I don't have much | mon - ey, but, | boy, if I
I know it's not | much___ but it's the | best I can
But the sun's been quite | kind_____ | while I wrote this

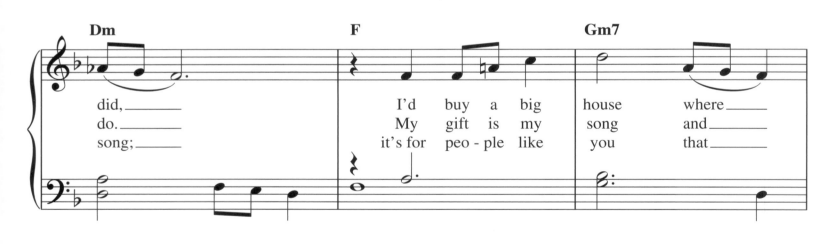

Dm ... **F** ... **Gm7**

did,_____ | | I'd buy a big | house where_____
do._____ | | My gift is my | song and_____
song;_____ | | it's for peo - ple like | you that_____

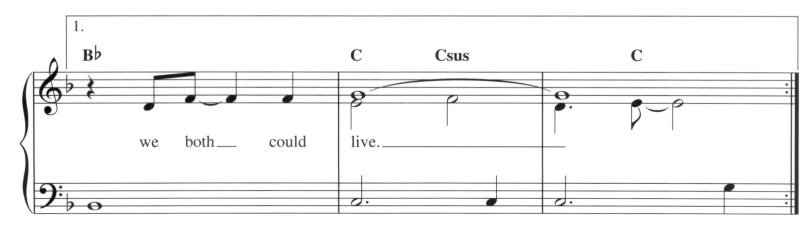

1.

B♭ ... **C** ... **Csus** ... **C**

we both___ could | live._____

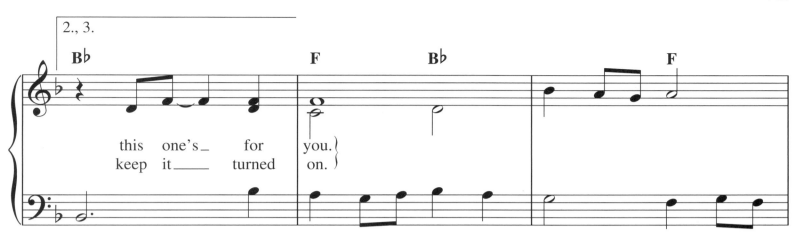

2., 3.

Bb / F / Bb / F

this one's_ for you.
keep it____ turned on.

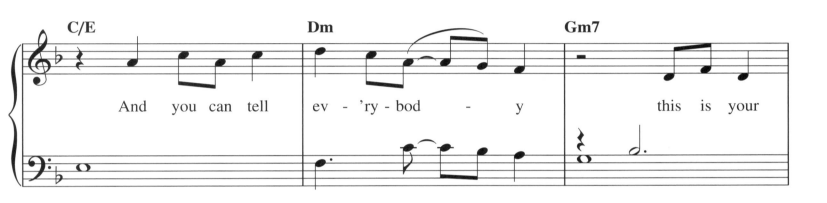

C/E / Dm / Gm7

And you can tell ev - 'ry - bod - y this is your

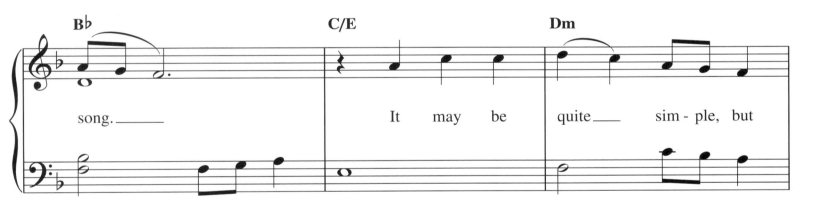

Bb / C/E / Dm

song.____ It may be quite____ sim - ple, but

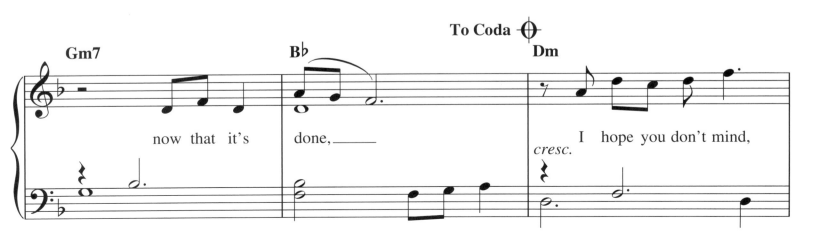

To Coda

Gm7 / Bb / Dm

now that it's done,____ I hope you don't mind,
cresc.

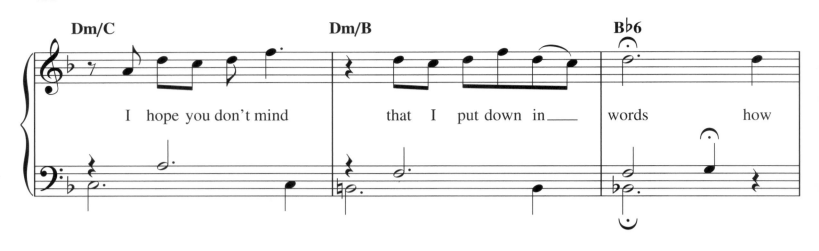

I hope you don't mind that I put down in____ words how

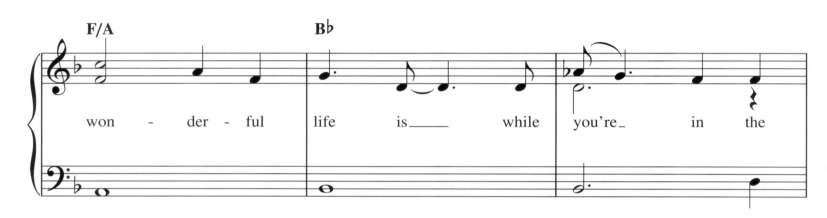

won - der - ful life is____ while you're_ in the

D.S. al Coda
(take 2nd ending)

CODA

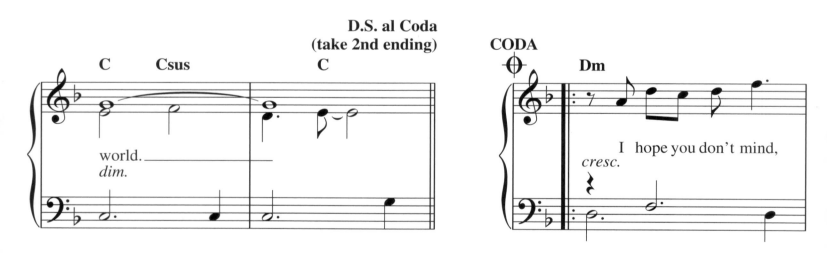

world.____
dim.

I hope you don't mind,
cresc.

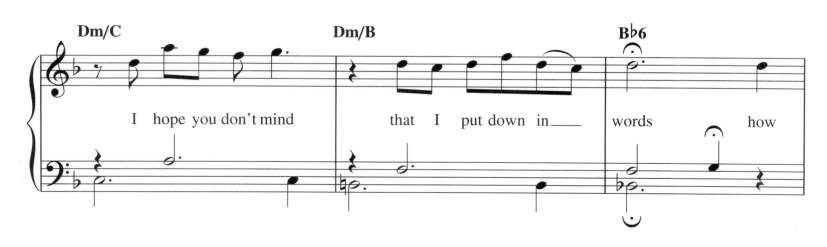

I hope you don't mind that I put down in____ words how

won - der - ful life is____ while you're__ in the

world.

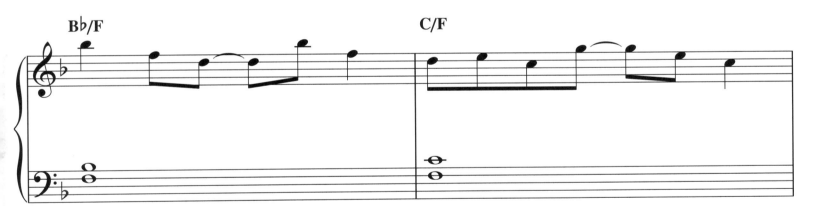

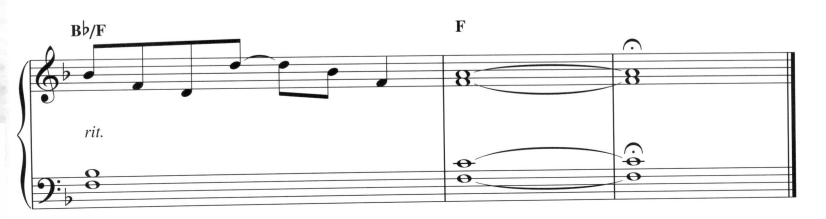